COMMENT CRÉER UN HÔTEL RURAL RÉUSSI

GUIDE COMPLET POUR OUVRIR TON PROPRE HÔTEL RURAL

DAVID SANDUA

*"Le succès ne consiste pas à ne pas faire d'erreurs,
mais à ne pas faire deux fois la même erreur."*

George Bernard Shaw

INDEX

I. INTRODUCTION

Ouvrir un hôtel rural est le rêve de nombreuses personnes qui cherchent à échapper au bruit et au chaos de la vie urbaine. L'attrait d'un cadre tranquille et idyllique, associé à la possibilité d'offrir une hospitalité exceptionnelle aux clients, peut être incroyablement tentant. Le processus de création d'un hôtel rural nécessite une planification minutieuse, une attention méticuleuse aux détails et une passion pour le service à la clientèle. Du choix de l'emplacement parfait à la promotion efficace de ton entreprise, ce guide complet te guidera pas à pas pour transformer ton rêve en réalité. Que tu sois un hôtelier expérimenté cherchant à élargir son portefeuille ou un entrepreneur en herbe se lançant dans sa première aventure hôtelière, ce guide te fournira les conseils pratiques et l'inspiration dont tu as besoin pour créer un hôtel rural prospère. En suivant les conseils d'experts et en appliquant une approche stratégique, tu pourras naviguer à travers les défis de ce secteur et établir une expérience unique et mémorable pour tes clients.

CRÉER UN HÔTEL RURAL

La création d'un hôtel rural nécessite une planification minutieuse et la prise en compte de plusieurs facteurs. L'une des premières étapes de ce processus consiste à choisir le bon emplacement pour ton hôtel. L'emplacement de ton hôtel joue un rôle
crucial pour attirer les clients et déterminer le succès global de
ton entreprise. Lorsque tu choisis un emplacement pour ton hôtel
rural, il est important de prendre en compte des facteurs tels
que l'accessibilité, la beauté naturelle et le potentiel d'activités
de plein air. L'accessibilité est essentielle, car si ton hôtel n'est
pas facilement accessible aux clients potentiels, il leur sera difficile de visiter ton établissement et d'y séjourner. Il est important de choisir un endroit bien situé à proximité des grands axes
routiers ou des nœuds de transport. La beauté naturelle des environs peut contribuer grandement à l'attrait de ton hôtel rural.
Les clients qui visitent les zones rurales le font souvent pour profiter de la paix et de la tranquillité de la nature, il est donc important de choisir un endroit qui offre des paysages époustouflants ou d'autres attractions naturelles. Il peut s'agir de vues
panoramiques, de sentiers de randonnée ou de la proximité de
parcs nationaux. Prendre en compte le potentiel des activités de
plein air est important pour attirer les clients en quête d'aventure et de possibilités de loisirs. Évaluer si l'endroit offre des
possibilités d'activités telles que la pêche, le camping ou l'équitation est essentiel pour cibler et attirer des groupes démographiques spécifiques. Il est important de s'assurer que le site
choisi dispose de l'infrastructure nécessaire pour accueillir un

hôtel, comme l'accès à l'eau, à l'électricité et à la connexion Internet. Ces facteurs peuvent déterminer l'expérience globale des clients et influencer directement leur satisfaction. En plus de choisir le bon emplacement, la promotion efficace de ton hôtel rural est cruciale pour sa réussite. Une fois que tu as établi l'aspect physique de ton hôtel, tu dois le faire connaître et attirer des clients potentiels dans ton établissement. Cela nécessite une stratégie marketing complète qui incorpore une gamme d'outils et de techniques promotionnels. Une méthode efficace consiste à établir une forte présence en ligne grâce à un site web convivial et des comptes de médias sociaux actifs. Cela permet non seulement aux clients potentiels d'accéder facilement aux informations sur ton hôtel, mais fournit également une plateforme pour interagir directement avec eux et présenter les caractéristiques uniques de ton établissement. Il est essentiel d'utiliser des publicités ciblées pour atteindre le public que tu souhaites. Pour ce faire, tu peux t'associer à des offices de tourisme locaux, des agences de voyage ou des publications régionales qui s'adressent à un marché cible similaire. En faisant de la publicité sur ces plateformes, tu peux atteindre efficacement les clients potentiels qui sont déjà intéressés par la visite des zones rurales. En proposant des promotions spéciales, des forfaits ou des réductions, tu peux encourager les clients à choisir ton hôtel plutôt que des concurrents. Cela peut être particulièrement efficace pendant les saisons de pointe ou en collaboration avec des événements ou des festivals locaux. En dehors des méthodes publicitaires traditionnelles, il est important d'établir des relations avec les entreprises et les communautés locales pour promouvoir davantage ton hôtel rural. La collaboration avec des restaurants, des guides touristiques ou des attractions locales peut offrir des possibilités de promotion croisée mutuellement béné-fiques. En recommandant ces entreprises et en établissant des partenariats avec elles, tu peux offrir une valeur ajoutée à tes clients et, en même temps, élargir ton réseau et atteindre de nouveaux clients potentiels. Il est important d'évaluer et d'adap-ter constamment ta stratégie de marketing pour rester pertinent et compétitif dans l'industrie hôtelière en constante évolution. En surveillant les commentaires des clients, en suivant les habi-tudes de réservation et en analysant les concurrents, tu peux identifier les domaines à améliorer et affiner tes efforts promo-tionnels en conséquence. Il peut s'agir de revoir la conception de ton site Web, de mettre à jour le contenu de tes médias sociaux ou d'expérimenter de nouvelles plateformes publicitaires. En restant proactif et attentif aux tendances du marché, tu peux assurer le succès continu de ton hôtel rural. La création d'un hôtel rural nécessite une combinaison de planification minu-tieuse, de choix d'emplacement stratégique et de techniques de marketing efficaces. En choisissant un lieu facilement accessible, offrant une beauté naturelle et des activités de plein air, et ré-pondant aux exigences nécessaires en matière d'infrastructure, tu peux attirer et servir efficacement ton marché cible. En utili-sant des plateformes en ligne, des publicités ciblées, des parte-nariats et une évaluation continue, tu peux promouvoir ton hôtel rural et le différencier de la concurrence. En gardant ces étapes à l'esprit, tu peux transformer ton rêve de posséder un hôtel rural en une réalité florissante.

L'IMPORTANCE D'UNE PLANIFICATION ET D'UNE EXÉCUTION SOIGNÉES

Une planification et une exécution soignées sont de la plus haute importance lorsqu'il s'agit d'établir un hôtel rural. Sans une planification adéquate, les risques de rencontrer des obstacles et des échecs augmentent considérablement. La première étape de ce processus consiste à choisir un emplacement approprié pour l'hôtel. Un emplacement bien pensé est crucial, car il détermine le marché cible, l'accessibilité et la rentabilité potentielle de l'établissement. La proximité des principales attractions touristiques, l'accessibilité aux moyens de transport et le niveau de concurrence dans la région doivent être pris en compte. Une étude de marché minutieuse est nécessaire pour identifier la demande d'hébergement dans le lieu choisi et pour évaluer son potentiel de croissance future. Une fois l'emplacement déterminé, l'étape cruciale suivante consiste à créer un plan d'affaires complet. Ce plan servira de feuille de route pour l'ensemble du projet, en décrivant des éléments clés tels que le concept de l'hôtel, le marché cible, la stratégie de prix, les plans de marketing et de publicité, les prévisions financières et les détails opérationnels. Un plan d'affaires bien élaboré permet non seulement d'obtenir un financement, mais fournit également un cadre pour la prise de décision tout au long du processus. Une fois le plan d'affaires élaboré, l'étape suivante consiste à se concentrer sur la conception et le développement de l'hôtel. Il s'agit notamment de décider du style architectural, de l'agencement et de la taille de la propriété. Il faut prêter attention à l'esthétique générale de l'hôtel, en veillant à ce qu'elle corresponde à l'image souhaitée et au marché cible. Une attention particulière doit également être portée à la sélection des éléments de décoration intérieure, car ils contribuent à l'ambiance et à l'expérience des clients. Il est essentiel de collaborer avec des architectes et des décorateurs d'intérieur expérimentés, spécialisés dans l'hôtellerie, afin de s'assurer que le design de l'hôtel est fonctionnel, esthétique et qu'il répond aux préférences du marché cible. Parallèlement, fais des recherches approfondies pour trouver des fournisseurs d'équipement et de mobilier réputés. Se procurer des matériaux et des équipements de haute qualité est essentiel pour le fonctionnement efficace et efficient de l'hôtel. Il convient d'établir de bonnes relations avec les fournisseurs pour s'assurer que l'hôtel dispose des fournitures nécessaires et que tout problème de maintenance peut être résolu rapidement. Une attention particulière doit être portée aux pratiques durables, telles que l'éclairage à faible consommation d'énergie et les appareils et accessoires économes en eau, afin de minimiser l'impact de l'hôtel sur l'environnement. Une fois que les aspects physiques de l'hôtel sont établis, il est crucial de se concentrer sur la promotion efficace de l'entreprise. Des stratégies marketing et publicitaires approfondies sont nécessaires pour sensibiliser les gens et attirer les clients à l'hôtel. Il s'agit notamment de créer une forte présence en ligne grâce à un site Web bien conçu, d'utiliser les plateformes de médias sociaux et de mettre en œuvre des campagnes de marketing en ligne ciblées. Les canaux de marketing traditionnels tels que les annonces imprimées, les partenariats avec des entreprises locales et la participation à des événements liés au secteur doivent également être envisagés. Collaborer avec des blogueurs influents ou des influenceurs de voyage peut aider à accroître la visibilité de l'hôtel et à attirer des clients potentiels. Fournir un service à la clientèle exceptionnel et surveiller les commentaires en ligne sont essentiels pour maintenir une réputation positive et une forte fidélisation de la clientèle. Une planification minutieuse s'étend aux aspects opérationnels de l'hôtel. L'élaboration de systèmes et de procédures opérationnels complets est essentielle au bon fonctionnement de l'établissement. La formation du personnel doit être assurée pour que les employés soient bien équipés pour fournir un service exceptionnel et s'acquitter efficacement de leurs tâches. Il faut prêter attention à l'offre de nourriture et de boissons, en tenant compte des préférences du marché cible et des traditions culinaires locales. La création de partenariats avec des fournisseurs et des entreprises locales peut améliorer l'expérience des clients et contribuer au développement d'un écosystème durable. Une planification et une exécution soignées sont essentielles à la réussite de l'établissement d'un hôtel rural. Une sélection appropriée du site, un plan d'affaires complet, l'attention portée à la conception et au développement, une promotion efficace et des systèmes opérationnels performants contribuent à la réussite globale de l'hôtel. Le souci du détail, l'étude de marché et la collaboration avec des professionnels du secteur sont essentiels pour obtenir un hôtel rural unique et rentable qui réalise les rêves de ses propriétaires tout en offrant une expérience mémorable à ses clients.

GUIDE COMPLET POUR L'OUVERTURE D'UN HÔTEL RURAL

Maintenant que nous avons discuté de l'importance de choisir le bon emplacement et de comprendre le marché cible d'un hôtel rural, l'étape suivante consiste à réunir les fonds nécessaires à ton entreprise. Le financement d'un hôtel rural peut être un grand défi, surtout si l'on considère l'investissement initial nécessaire pour acheter la propriété et la rénover pour qu'elle réponde aux normes souhaitées. Il y a plusieurs voies à explorer en matière de financement et il est crucial d'examiner toutes les options disponibles pour déterminer l'approche la plus adaptée à ta situation particulière. Tout d'abord, on peut envisager d'obtenir un prêt auprès d'une banque ou d'autres institutions financières. Il est important d'aborder cette voie avec un plan d'affaires bien préparé qui expose clairement la rentabilité potentielle et la viabilité à long terme de l'hôtel rural proposé.

Le fait de fournir des projections financières précises, de démontrer une étude de marché et de montrer le caractère unique de l'emplacement peut augmenter considérablement les chances d'obtenir un prêt. Une autre option qui mérite d'être explorée est la recherche d'investisseurs intéressés par le soutien de tels projets. Il peut s'agir d'attirer des personnes ou des organisations qui croient au potentiel de réussite et sont prêtes à apporter un soutien financier en échange d'une part des bénéfices. Il est crucial d'avoir un discours convaincant et de présenter un plan détaillé mettant en évidence les avantages concurrentiels et les bénéfices attendus pour les investisseurs potentiels. Des financements publics et des subventions peuvent également être disponibles, en particulier pour les projets qui contribuent au développement et à la revitalisation des zones rurales. La recherche de programmes gouvernementaux, d'agences de tourisme et de fondations privées qui apportent un soutien financier aux initiatives de tourisme rural peut être une stratégie précieuse pour obtenir des fonds supplémentaires. L'exploration de partenariats avec des entreprises ou des organisations locales peut permettre de partager les coûts ou de créer des entreprises communes, ce qui permet d'alléger le fardeau financier. Collaborer avec des attractions à proximité, telles que des réserves naturelles ou des sites culturels, peut créer des relations mutuellement bénéfiques qui attirent les touristes et augmentent la visibilité et l'attractivité de l'hôtel rural. Les plateformes de crowdfunding peuvent également être envisagées, car elles offrent une occasion unique de s'engager avec des clients et des sympathisants potentiels grâce à des intérêts et des valeurs partagés. L'utilisation des médias sociaux et des communautés en ligne peut aider à faire connaître le projet d'hôtel rural et à générer des contributions de la part de personnes passionnées par le tourisme durable ou la conservation du patrimoine rural. Il est important d'aborder le financement avec créativité, persévérance et flexibilité, car la collecte des fonds nécessaires à un hôtel rural peut être une tâche complexe et exigeante en ressources. Il est important de se rappeler que le financement n'est que le début du voyage. Une bonne gestion financière sera cruciale pour le bon fonctionnement et la croissance de l'hôtel rural. Le contrôle des dépenses, la tenue de dossiers financiers précis et à jour et la mise en œuvre de stratégies efficaces de gestion des recettes joueront un rôle clé dans la réussite future de l'entreprise. Demander des conseils professionnels à des comptables et à des conseillers financiers spécialisés dans le secteur de l'hôtellerie et de la restauration peut fournir des indications précieuses et garantir que l'aspect financier de l'opération est géré de manière experte. La collecte des fonds nécessaires pour un hôtel rural nécessite une planification minutieuse, des recherches et une approche proactive pour explorer les différentes voies disponibles. La clé est de présenter un plan d'affaires convaincant, de démontrer la rentabilité et le potentiel de réussite et d'envisager des options de financement créatives telles que les prêts, les investisseurs, les subventions, le crowdfunding et les partenariats. Une fois le financement obtenu, une bonne gestion financière sera essentielle pour soutenir les opérations et atteindre une croissance à long terme. En abordant méticuleusement les aspects financiers, les aspirants propriétaires d'hôtels ruraux peuvent ouvrir la voie à une entreprise prospère et épanouissante. L'un des aspects les plus importants de la gestion d'un hôtel rural prospère est l'établissement d'une solide présence en ligne. Avec les progrès de la technologie et l'omniprésence d'Internet, il est essentiel pour toute entreprise d'avoir une forte présence en ligne afin d'atteindre un public plus large et d'attirer des clients potentiels. Cela vaut également pour le secteur de l'hôtellerie, et les hôtels ruraux ne font pas exception. En fait, avoir une forte présence en ligne est encore plus crucial pour les hôtels ruraux, car ils servent souvent un marché de niche et peuvent ne pas avoir le même niveau de visibilité que les hôtels situés dans des destinations touristiques plus populaires. Pour commencer, il est essentiel d'avoir un site Web bien conçu et convivial qui présente les caractéristiques et les services uniques de ton hôtel rural. Le site Web doit être visuellement attrayant, avec des images de haute qualité qui dépeignent avec précision la beauté et le charme de l'environnement rural. Il doit également fournir des informations détaillées sur l'hébergement, les équipements et les services proposés, ainsi que sur les forfaits spéciaux ou les promotions. En plus d'avoir un site web, il est également important d'être actif sur les plateformes de médias sociaux telles que Facebook, Instagram et Twitter. Ces plateformes offrent une excellente occasion d'interagir avec des clients potentiels, de partager des mises à jour sur ton hôtel rural et de créer un sentiment de communauté. Publier régulièrement du contenu captivant, comme des photos époustouflantes de la nature environnante ou des histoires de clients satisfaits, peut aider à renforcer la notoriété de la marque et à attirer plus de visiteurs sur ton site Web. Il est crucial de gérer les avis en ligne et de répondre aux commentaires des clients en temps voulu. Les avis en ligne jouent un rôle important dans la réputation de ton hôtel rural, et les clients potentiels s'appuient souvent sur eux pour prendre leur décision de réservation. Il est essentiel de surveiller les sites d'avis, tels que TripAdvisor ou Yelp, et de répondre rapidement et professionnellement à tout commentaire négatif. En faisant cela, tu montres non seulement que tu apprécies les avis de tes clients, mais aussi que tu t'engages à fournir un excellent service et à améliorer l'expérience globale des clients. Une autre stratégie efficace pour améliorer la présence en ligne de ton hôtel consiste à s'engager auprès d'influenceurs ou de blogueurs locaux. Ces personnes ont tendance à avoir un public dévoué et peuvent aider à faire connaître ton hôtel rural auprès de leur audience. En les invitant pour un séjour gratuit ou en leur proposant des expériences exclusives, tu peux générer du buzz et attirer un plus grand nombre de clients qui n'auraient jamais envisagé de séjourner dans un hôtel rural auparavant. Il est important de tirer parti des techniques d'optimisation des moteurs de recherche (SEO) pour améliorer la visibilité et le classement de ton site Web dans les pages de résultats des moteurs de recherche. Cela peut se faire en incorporant des mots-clés pertinents dans le contenu de ton site Web, en optimisant les métadonnées et en créant des backlinks de haute qualité. La création d'un blog sur ton site Web où tu partages du contenu informatif et attrayant lié à la région locale ou aux expériences proposées par ton hôtel rural peut également contribuer à stimuler le référencement de ton site Web. Il est essentiel de se tenir au courant des dernières tendances technologiques dans le secteur hôtelier. Cela inclut la mise en place d'un système de réservation en ligne fluide qui permet aux clients de faire des réservations et de traiter les paiements facilement. Disposer d'un système de réservation efficace et convivial permet non seulement de rationaliser le processus de réservation pour les clients, mais aussi de minimiser les erreurs et d'augmenter la satisfaction des clients. Établir une solide présence en ligne est vital pour le succès d'un hôtel rural. En créant un site Web attrayant et informatif, en étant actif sur les plateformes de médias sociaux, en gérant les avis en ligne, en collaborant avec des influenceurs, en appliquant des stratégies de référencement et en te tenant au courant des tendances technologiques, tu peux promouvoir efficacement ton hôtel rural et attirer un public plus large. N'oublie pas qu'Internet est un outil puissant qui peut t'aider à réaliser ton rêve de gérer un hôtel rural.

II. CHOISIR L'EMPLACEMENT IDÉAL

Une fois que tu as déterminé la région idéale pour ton hôtel rural, l'étape suivante consiste à choisir l'emplacement parfait dans cette région. L'emplacement de l'hôtel joue un rôle crucial dans sa réussite, car il influence directement l'accessibilité, la visibilité et l'expérience des clients. Tout d'abord, l'accessibilité est un facteur clé à prendre en compte lors du choix de l'emplacement. Il est important que l'hôtel soit facilement accessible à ton marché cible, qu'il s'agisse de touristes locaux ou internationaux. L'emplacement doit être bien desservi par les transports et se trouver à une distance raisonnable des grands axes routiers, des aéroports et des gares. Ainsi, les clients potentiels n'auront pas de difficulté à se rendre à l'hôtel, ce qui augmentera la probabilité d'attirer une clientèle plus importante. Deuxièmement, la visibilité est un autre aspect important à prendre en compte lors du choix de l'emplacement de l'hôtel rural. Il est essentiel que l'hôtel soit facilement visible pour les clients potentiels, car cela peut influencer de manière significative le nombre de réservations reçues. Un emplacement bien en vue, par exemple près d'une route principale ou dans une zone touristique populaire, peut offrir une plus grande visibilité et augmenter les chances d'attirer le commerce de passage. Avoir une vue imprenable ou un cadre unique peut également améliorer la visibilité de l'hôtel, car cela peut intriguer les clients potentiels et différencier l'établissement de ses concurrents. Le choix d'un emplacement offrant une bonne visibilité est crucial pour le succès de l'hôtel rural. L'expérience des clients est fortement influencée par l'emplacement de l'hôtel. Les clients choisissent souvent les hôtels ruraux pour profiter d'une escapade calme et sereine, et l'emplacement joue un rôle essentiel dans la création de cette ambiance. Il est important de choisir un emplacement qui corresponde à l'ambiance souhaitée pour l'hôtel rural. Par exemple, si l'hôtel est destiné à offrir une expérience calme et isolée, il doit être situé loin des centres-villes animés ou des zones bruyantes. En revanche, si l'hôtel vise à satisfaire les amateurs de plein air, il doit être situé à proximité de sentiers naturels, de parcs nationaux ou de zones de loisirs. En choisissant un emplacement qui correspond à l'expérience souhaitée par le client, l'hôtel peut augmenter la satisfaction des clients et se forger une réputation positive. En plus de l'accessibilité, de la visibilité et de l'expérience client, d'autres facteurs doivent également être pris en compte lors de la sélection de l'emplacement parfait pour l'hôtel rural. Ces facteurs comprennent la disponibilité des infrastructures et des services, la proximité des attractions locales et le potentiel économique de la région. La disponibilité des infrastructures et des services, tels que l'approvisionnement en eau et en électricité, doit être évaluée pour s'assurer que l'hôtel peut fonctionner sans problème. La proximité des attractions locales, telles que les sites historiques, les événements culturels ou les merveilles naturelles, peut également être un argument de vente clé pour l'hôtel, car elle peut attirer davantage de touristes. Le potentiel économique de la région doit être évalué pour apprécier la viabilité de l'hôtel. Des facteurs tels que la croissance du tourisme, le développement économique et la demande du marché doivent être pris en compte pour déterminer la rentabilité à long terme de l'hôtel rural. Le choix de l'emplacement idéal pour un hôtel rural est une étape cruciale dans la création d'une entreprise prospère. L'emplacement influence directement l'accessibilité, la visibilité et l'expérience client, qui sont des facteurs essentiels pour attirer et satisfaire les clients. En choisissant un emplacement facilement accessible, visible et conforme à l'expérience client souhaitée, l'hôtel peut maximiser son potentiel de réussite. D'autres facteurs, tels que la disponibilité des infrastructures, la proximité des attractions locales et le potentiel économique, doivent également être pris en compte pour assurer la rentabilité à long terme de l'hôtel rural. Afin de prendre une décision éclairée lors du choix de l'emplacement d'un hôtel rural, il est nécessaire d'y réfléchir attentivement et de faire des recherches approfondies.

CHOISIR LE BON EMPLACEMENT POUR UN HÔTEL RURAL

Lorsqu'il s'agit d'ouvrir un hôtel rural, le choix du bon emplacement est de la plus haute importance. L'emplacement jouera un rôle important dans la détermination du succès et de la rentabilité de l'hôtel. L'une des principales raisons est que l'emplacement déterminera le type de clientèle que l'hôtel attirera. Par exemple, si l'hôtel est situé dans une zone rurale populaire pour le tourisme d'aventure, il est probable qu'il attirera les amateurs de plein air et les personnes en quête d'aventure. En revanche, si l'hôtel est situé dans une zone rurale connue pour sa beauté naturelle et sa tranquillité, il est susceptible d'attirer des visiteurs à la recherche d'une retraite paisible de leur vie quotidienne. Le choix d'un emplacement qui correspond au marché cible et à l'argument de vente unique de l'hôtel est crucial. Le bon emplacement déterminera également l'accessibilité et la commodité pour les clients. Un emplacement bien desservi par les transports attirera plus de visiteurs, car il leur sera plus facile de se rendre à l'hôtel. Un hôtel stratégiquement situé peut bénéficier des attractions touristiques, des sites culturels ou des paysages naturels à proximité, ce qui peut améliorer l'expérience globale des clients. L'emplacement influencera également les aspects opérationnels de l'hôtel. Par exemple, un hôtel situé dans une région où la chaîne d'approvisionnement est fiable et accessible aura un avantage pour s'approvisionner en nourriture, en fournitures et autres ressources nécessaires. Un emplacement avec une main-d'œuvre locale qualifiée peut être bénéfique pour le recrutement et la fidélisation d'un personnel qualifié. Le bon emplacement aura également un impact sur la viabilité financière de l'hôtel. Un emplacement bien choisi attirera un flux régulier de clients, ce qui permettra à l'hôtel de maintenir un taux d'occupation élevé et de générer des revenus. Cela contribuera à son tour à la stabilité financière et au succès de l'entreprise. À l'inverse, un emplacement mal choisi peut entraîner un faible taux d'occupation, ce qui se traduira par des pertes financières pour l'hôtel. Il est essentiel de réaliser des études de marché et de faisabilité approfondies pour évaluer la demande et la concurrence à l'endroit choisi. Le choix du bon emplacement pour un hôtel rural est d'une importance capitale en raison de son impact important sur plusieurs aspects de l'entreprise. L'emplacement déterminera le type de clientèle que l'hôtel attirera, l'accessibilité et la commodité pour les clients, les aspects opérationnels de l'hôtel et la viabilité financière de l'entreprise. Une réflexion et une recherche approfondies sont nécessaires pour identifier un emplacement qui correspond au marché cible, offre commodité et accessibilité, procure des avantages opérationnels et assure la viabilité financière. En choisissant le bon emplacement, les hôteliers peuvent jeter les bases d'un hôtel rural prospère et rentable.

FACTEURS À PRENDRE EN COMPTE : PROXIMITÉ DES ATTRACTIONS, ACCESSIBILITÉ ET CULTURE LOCALE

En plus de considérer l'emplacement physique et le cadre d'un hôtel rural, il y a d'autres facteurs à prendre en compte pour déterminer son succès. Un facteur important est la proximité des attractions. Les hôtels ruraux attirent souvent des touristes qui cherchent à s'évader de leur vie quotidienne et veulent faire l'expérience de la nature ou explorer de nouvelles régions. Il est donc crucial de choisir un emplacement proche des attractions populaires ou des lieux d'intérêt naturel. Ainsi, les hôtes pourront facilement accéder à ces attractions et en profiter, ce qui améliorera leur expérience globale et augmentera la probabilité de visites répétées. L'accessibilité est un autre facteur clé à prendre en compte. Bien que certains clients puissent être à la recherche d'une expérience isolée et retirée, il est important de s'assurer que l'hôtel est facilement accessible. Cela signifie avoir de bonnes liaisons de transport, comme des aéroports ou des gares à proximité, et des routes bien entretenues menant à la propriété. Fournir des indications claires et proposer des services de transport, tels que des navettes ou des voitures de location, peut également aider les clients à se rendre à l'hôtel sans problème. Tiens compte de la culture locale lorsque tu choisis l'emplacement d'un hôtel rural. Chaque région a ses propres traditions, coutumes et histoire, et immerger les clients dans la culture locale peut grandement améliorer leur expérience. En choisissant un emplacement proche des attractions culturelles, des sites historiques ou des événements et festivals locaux, les clients auront l'occasion de mieux comprendre et apprécier la région qu'ils visitent. Cela peut se faire grâce à des partenariats et des collaborations avec des artistes, des artisans et des guides touristiques locaux qui peuvent offrir des expériences authentiques et mettre en valeur la culture locale. En incorporant la cuisine, les traditions et les œuvres d'art locales dans la conception, le décor et le menu de l'hôtel, les clients vivront une expérience vraiment immersive et mémorable. La communauté locale doit également être prise en compte lors du choix de l'emplacement d'un hôtel rural. Il est crucial d'établir une relation positive avec la communauté, car cela peut grandement influencer le succès de l'entreprise. En collaborant avec les entreprises, les fournisseurs et les artisans locaux, l'hôtel peut soutenir l'économie locale et favoriser un sentiment d'appartenance à la communauté. Cela peut se faire par le biais de collaborations et de partenariats qui profitent à la fois à l'hôtel et à la communauté locale, comme l'approvisionnement en ingrédients auprès des agriculteurs locaux, la promotion des artisans locaux ou l'organisation d'événements qui mettent en valeur les talents et les traditions locales. L'établissement de relations solides avec la communauté locale peut également aider l'hôtel à attirer des clients par le biais de recommandations de bouche à oreille et d'avis positifs. La durabilité environnementale doit être une priorité lors du choix de l'emplacement d'un hôtel rural. Les clients qui choisissent de séjourner dans des hôtels ruraux ont souvent une profonde appréciation de la nature et de l'environnement. Il est important de choisir un emplacement respectueux de l'environnement qui minimise l'impact de l'hôtel sur l'écosystème et les ressources environnantes. Cela peut se faire par le biais de diverses initiatives, comme l'utilisation de sources d'énergie renouvelables, la mise en œuvre de mesures d'économie d'eau, l'encouragement à la réduction des déchets et au recyclage, et la conservation de la beauté naturelle et de la biodiversité de la région. En intégrant des pratiques durables dans les activités de l'hôtel et en promouvant l'écotourisme, l'hôtel peut attirer des clients soucieux de l'environnement et contribuer aux efforts globaux de conservation de la région. Lors du choix de l'emplacement d'un hôtel rural, des facteurs tels que la proximité des attractions, l'accessibilité, la culture locale, l'engagement de la communauté et la durabilité environnementale doivent être soigneusement pris en compte. En tenant compte de ces facteurs, l'hôtel peut créer une expérience unique et mémorable pour les clients, tout en contribuant à l'économie locale et en préservant l'environnement naturel. Il est donc fortement recommandé à toute personne qui envisage d'ouvrir un hôtel rural de faire des recherches approfondies et d'évaluer ces facteurs afin d'assurer le succès et la durabilité de leur entreprise.

EXEMPLES D'HÔTELS RURAUX RÉUSSIS ET DE LEURS ARGUMENTS DE VENTE UNIQUES

Un autre hôtel rural à succès est le Dunton Hot Springs dans le Colorado. Cet hôtel est situé dans les montagnes San Juan et offre une expérience unique à ses clients. Le principal argument de vente de cet hôtel est ses sources chaudes naturelles qui proviennent des montagnes environnantes. Les clients ont la possibilité de profiter de bains relaxants et rajeunissants dans ces sources chaudes, dont on dit qu'elles ont des propriétés thérapeutiques. En outre, l'hôtel propose toute une série d'activités de plein air, telles que la randonnée, la pêche à la mouche et l'équitation, qui permettent aux clients de s'immerger totalement dans la beauté naturelle de la région. L'hôtel met également l'accent sur la durabilité et la préservation de l'environnement, avec des initiatives telles que l'utilisation de sources d'énergie renouvelables et la pratique de l'agriculture biologique. Cette approche écologique, associée à la beauté du cadre naturel, fait de Dunton Hot Springs une destination attrayante pour ceux qui recherchent une expérience hôtelière unique et respectueuse de l'environnement. Un autre exemple d'hôtel rural réussi est le Tenaya Lodge à Yosemite, en Californie. Cet hôtel est situé juste à l'entrée du parc national de Yosemite et offre aux clients un point de départ pratique pour explorer cette nature sauvage emblématique. Le principal argument de vente de l'hôtel est sa proximité avec le parc, ce qui permet aux clients d'accéder facilement aux sentiers de randonnée, aux chutes d'eau et aux autres attractions naturelles du parc. L'hôtel lui-même offre une gamme de services et d'activités pour améliorer l'expérience des clients, notamment un spa à service complet, plusieurs options de restauration et une variété d'installations de loisirs telles que des piscines, des courts de tennis et un centre de remise en forme. L'hôtel propose également des visites guidées et des activités de plein air adaptées spécifiquement à la région de Yosemite, telles que des randonnées guidées et des promenades dans la nature. Cette combinaison de beauté naturelle, de confort et de variété d'équipements fait du Tenaya Lodge at Yosemite une destination souhaitable pour les amoureux de la nature et les amateurs de plein air. L'Endsleigh Hotel dans le Devon, en Angleterre, est un autre hôtel rural à succès qui offre des arguments de vente uniques à ses clients. Situé dans une vallée pittoresque surplombant la rivière Tamar, cet hôtel occupe un bâtiment historique classé Grade I, entouré de magnifiques jardins. Le principal argument de vente de cet hôtel est la tranquillité et la sérénité qu'il offre à ses clients. L'hôtel vise à créer un environnement paisible et relaxant, avec des équipements tels qu'un spa, une bibliothèque et de vastes jardins que les clients peuvent explorer et apprécier. L'hôtel propose également une gamme d'activités de plein air telles que la pêche, le kayak et des promenades guidées dans la nature, permettant aux clients de s'immerger totalement dans la beauté naturelle de la campagne environnante. L'hôtel est fier de son expérience gastronomique, se concentrant sur l'utilisation d'ingrédients locaux et de saison pour créer un menu qui met en valeur les meilleurs produits de la région. Cette combinaison d'environnement tranquille, d'activités de plein air et d'attention portée à la gastronomie fait de l'hôtel Endsleigh une destination attrayante pour ceux qui recherchent une retraite rurale paisible et indulgente. Les hôtels ruraux qui réussissent ont des arguments de vente uniques qui les distinguent des hôtels urbains traditionnels. Qu'il s'agisse de sources chaudes naturelles, de la proximité de parcs nationaux ou de l'accent mis sur la tranquillité et la gastronomie, ces hôtels offrent aux clients une expérience unique et mémorable. En tirant parti des attributs uniques de l'emplacement rural et en offrant un service et des commodités exceptionnels, les propriétaires d'hôtels ruraux peuvent créer des entreprises prospères qui répondent aux désirs des voyageurs cherchant à faire une pause dans l'agitation de la vie urbaine. Avec une planification minutieuse, une attention aux détails et une bonne compréhension du marché cible, l'ouverture d'un hôtel rural peut être une entreprise épanouissante qui permet aux gens de partager leur amour de la nature et de l'hospitalité avec les autres. Pour maintenir le succès d'un hôtel rural, il est essentiel de promouvoir et de commercialiser efficacement l'entreprise. La première étape de la promotion d'un hôtel rural consiste à établir une présence sur Internet. La création d'un site Web convivial et esthétique est cruciale, car il sert de vitrine virtuelle aux clients potentiels. Le site Web doit fournir des informations détaillées sur les services de l'hôtel, les tarifs des chambres et leur disponibilité. Il est également important d'inclure des photographies de haute qualité qui mettent en valeur les caractéristiques uniques de l'hôtel et du paysage rural environnant. En plus d'un site Web, l'utilisation des plateformes de médias sociaux peut être un moyen efficace d'atteindre un public plus large et d'interagir avec les clients potentiels. En publiant régulièrement du contenu attrayant, comme des photographies époustouflantes de l'hôtel, des témoignages de clients et des informations sur les attractions locales, un hôtel rural peut attirer de nouveaux clients et susciter de l'intérêt. Collaborer avec les offices de tourisme locaux, les agences de voyage et les influenceurs du secteur de l'hôtellerie peut également être bénéfique pour promouvoir l'hôtel auprès d'un public plus large. Créer des partenariats et proposer des promotions spéciales ou des forfaits peut aider à attirer des clients qui n'auraient pas envisagé un hôtel rural comme option d'hébergement. L'organisation d'événements tels que des dégustations de vin, des cours de cuisine ou des ateliers qui mettent en valeur la culture et les traditions locales peut non seulement attirer des clients, mais aussi contribuer à l'expérience globale et à la réputation de l'hôtel. Les avis et commentaires en ligne jouent un rôle important dans la construction de la crédibilité et de la confiance pour toute entreprise, y compris les hôtels ruraux. Encourager les clients à laisser des commentaires sur les sites Web de voyage populaires et répondre rapidement et professionnellement aux commentaires positifs et négatifs peut aider à établir une réputation positive et encourager les réservations futures. Pour améliorer encore la promotion d'un hôtel rural, il peut être bénéfique de proposer des expériences uniques ou des partenariats avec des entreprises locales. Par exemple, collaborer avec des fermes ou des vignobles voisins pour offrir aux clients des visites ou des dégustations exclusives peut attirer les visiteurs à la recherche d'une expérience rurale authentique. Proposer des activités de plein air, comme la randonnée, l'équitation ou la pêche, peut satisfaire les clients qui cherchent à s'immerger dans l'environnement naturel. Participer aux foires, festivals et salons locaux peut être l'occasion de présenter l'hôtel à un public ciblé et d'établir des contacts avec des clients potentiels et des professionnels du secteur. Une promotion et un marketing efficaces sont des éléments cruciaux pour la réussite d'un hôtel rural, car ils sont essentiels pour attirer et fidéliser les clients. En utilisant diverses plateformes numériques, en établissant des partenariats avec des entreprises locales et en proposant des expériences uniques, un hôtel rural peut établir une forte présence de la marque et attirer des clients de près ou de loin. Il est important d'évaluer et d'adapter continuellement les stratégies de marketing pour rester pertinent dans l'industrie hôtelière compétitive d'aujourd'hui. En examinant régulièrement les analyses du site Web, l'engagement sur les médias sociaux et les commentaires des clients, un hôtel rural peut prendre des décisions éclairées pour optimiser ses efforts promotionnels et, en fin de compte, obtenir un succès à long terme.

III. ÉTUDE DE MARCHÉ ET ANALYSE DES CONCURRENTS

Pour assurer le succès de ton hôtel rural, il est crucial de mener une étude de marché et une analyse des concurrents approfondies. En comprenant la dynamique du marché et en étudiant tes concurrents, tu pourras identifier les opportunités potentielles et les défis à venir. L'étude de marché consiste à rassembler et à analyser les données relatives à l'endroit précis où sera situé ton hôtel. Il s'agit notamment d'étudier la démographie, la situation économique, les tendances touristiques et la demande potentielle d'hébergement dans la région. Il est important d'identifier le marché cible de ton hôtel, comme les voyageurs de loisirs, les professionnels ou les familles, et d'adapter ton offre en conséquence. En ce qui concerne l'analyse des concurrents, l'objectif est d'acquérir une connaissance approfondie des hôtels et des hébergements existants dans la région. Cela implique de faire des recherches sur ton marché cible, le positionnement de la marque, les stratégies de prix, les services et les commentaires des clients. En étudiant tes concurrents, tu peux obtenir des informations précieuses sur ce qui fonctionne et ce qui ne fonctionne pas sur ton marché cible, et utiliser ces connaissances pour différencier ton hôtel et créer une proposition de vente unique. Un moyen efficace de réaliser une étude de marché et une analyse des concurrents consiste à utiliser des plateformes et des outils en ligne. Les sites Web tels que TripAdvisor, Booking.com et Airbnb fournissent une mine d'informations sur les hôtels existants dans l'endroit que tu souhaites, y compris les évaluations, les avis et les prix. L'analyse des critiques peut te donner un aperçu des forces et des faiblesses de tes concurrents, ce qui t'aidera à identifier les domaines dans lesquels ton hôtel peut exceller. En plus des recherches en ligne, il est également bénéfique de visiter la région en personne et de parler aux résidents locaux, aux propriétaires d'entreprises et aux touristes. Cela te permettra d'obtenir des informations de première main sur la dynamique du marché, les attractions locales et la demande potentielle en matière d'hébergement. Parler aux clients potentiels et comprendre leurs besoins et leurs préférences peut te donner un avantage concurrentiel et t'aider à adapter tes services pour répondre à leurs attentes. Réaliser des enquêtes et des groupes de discussion peut fournir des informations précieuses sur les préférences et les attentes des clients potentiels. Cela peut t'aider à identifier les lacunes du marché que ton hôtel peut combler, ainsi que les possibilités d'innovation et de différenciation. En utilisant les résultats de ton étude de marché, tu peux élaborer une stratégie marketing complète qui cible le bon public avec le bon message. L'analyse des concurrents joue également un rôle crucial dans l'élaboration de ta stratégie de prix. Si tu connais les structures de prix de tes concurrents, tu peux fixer des prix compétitifs qui attirent les clients tout en maintenant la rentabilité. Il est important de prendre en compte des facteurs tels que la saisonnalité, la disponibilité et la proposition de valeur de ton hôtel lorsque tu détermines ta stratégie de prix. L'étude des stratégies marketing et promotionnelles de tes concurrents peut fournir des indications précieuses sur les moyens efficaces de commercialiser ton propre hôtel. En identifiant leurs forces et leurs faiblesses, tu peux élaborer un plan marketing qui met en avant les caractéristiques et les avantages uniques de ton hôtel et les communiquer efficacement à ton marché cible. Il peut s'agir de tirer parti des médias sociaux, d'établir des partenariats avec des entreprises et des attractions locales, ou d'offrir des forfaits et des promotions spéciales. L'étude de marché et l'analyse des concurrents sont des étapes essentielles dans la création d'un hôtel rural. En comprenant parfaitement la dynamique du marché et en étudiant tes concurrents, tu peux identifier les opportunités, atténuer les défis et différencier ton hôtel des autres. L'utilisation de plateformes en ligne, la réalisation d'enquêtes et l'interaction avec les clients potentiels sont des moyens efficaces pour recueillir des informations précieuses et adapter ton offre à leurs besoins et à leurs préférences. L'analyse concurrentielle peut éclairer ta stratégie de prix, tes efforts de marketing et ta stratégie commerciale globale. En prenant le temps et les efforts nécessaires pour réaliser une étude de marché approfondie et une analyse de la concurrence, tu seras bien armé pour ouvrir un hôtel rural qui se démarque sur le marché et attire une clientèle fidèle.

L'IMPORTANCE DE RÉALISER UNE ÉTUDE DE MARCHÉ AVANT D'OUVRIR UN HÔTEL RURAL

Réaliser une étude de marché avant d'ouvrir un hôtel rural est de la plus haute importance. L'étude de marché permet aux hôteliers d'acquérir une compréhension approfondie de leur marché cible, ce qui leur fournit des informations précieuses qui peuvent guider les processus de prise de décision et améliorer les chances de succès. En identifiant la demande d'hébergement dans la région, les hôteliers peuvent évaluer la faisabilité de l'ouverture d'un hôtel rural et déterminer la taille appropriée, les services et les stratégies de prix à employer. L'étude de marché permet aux hôteliers de comprendre la concurrence et de différencier leur offre en identifiant les lacunes et les opportunités du marché. Ces connaissances peuvent servir de base à l'élaboration de propositions de vente uniques et de stratégies de marketing qui permettent à l'hôtel de se démarquer de ses concurrents. Les études de marché peuvent aider les hôteliers à identifier et à comprendre leur clientèle cible, y compris leurs préférences, leurs habitudes de dépenses et leurs habitudes de voyage. Forts de ces connaissances, les hôteliers peuvent adapter leurs services, leurs équipements et leurs efforts de marketing afin de cibler et d'attirer efficacement la clientèle souhaitée. Les études de marché peuvent également donner un aperçu des tendances et des demandes émergentes dans l'industrie hôtelière, ce qui permet aux hôteliers de s'adapter et de capitaliser sur ces changements. Qu'il s'agisse d'un intérêt croissant pour les voyages durables, d'une demande accrue pour le tourisme expérientiel ou d'une évolution vers les plateformes de réservation numériques, les études de marché garantissent que les hôteliers suivent l'évolution des préférences des clients et sont en mesure d'y répondre. Les études de marché peuvent également contribuer à la croissance et à la durabilité à long terme d'un hôtel. En réalisant régulièrement des études de marché, les hôteliers peuvent surveiller les performances de leur entreprise, suivre les indicateurs de satisfaction des clients et identifier les points à améliorer. Cette évaluation continue permet aux hôteliers de prendre des décisions éclairées concernant d'éventuelles rénovations, expansions ou même la diversification sur de nouveaux marchés. L'étude de marché est essentielle pour quiconque envisage d'ouvrir un hôtel rural. Elle permet aux hôteliers d'obtenir des informations précieuses sur le marché cible, de comprendre la concurrence, d'adapter leur offre aux demandes des clients et de profiter des tendances émergentes. En investissant du temps et des ressources dans l'étude de marché, les hôteliers peuvent augmenter leurs chances de réussite et assurer la viabilité à long terme de leur projet d'hôtel rural. Alors, avant de te lancer dans l'aventure passionnante de l'ouverture d'un hôtel rural, n'oublie pas de donner la priorité à l'étude de marché : c'est la clé qui te permettra de transformer ton rêve en réalité.

MÉTHODES DE COLLECTE DE DONNÉES PERTINENTES : ENQUÊTES ET ANALYSE DES TENDANCES TOURISTIQUES

Pour collecter des données pertinentes pour un hôtel rural, plusieurs méthodes peuvent être utilisées, comme les enquêtes et l'analyse des tendances touristiques. Les enquêtes sont une technique largement utilisée pour recueillir des informations auprès de clients potentiels et pour évaluer leurs préférences et leurs demandes. Ces enquêtes peuvent être menées par le biais de plusieurs canaux, tels que des questionnaires en ligne, des entretiens téléphoniques ou des interactions en face à face. En posant des questions précises sur les habitudes de voyage, les préférences en matière d'hébergement et les services souhaités, les hôteliers peuvent obtenir des informations précieuses sur les attentes de leur marché cible. Ces données peuvent être analysées et utilisées pour adapter l'offre de l'hôtel aux besoins des clients potentiels. L'analyse des tendances touristiques est une autre méthode cruciale de collecte de données pour un hôtel rural. En examinant les tendances et les comportements des touristes, les propriétaires d'hôtels peuvent identifier les destinations les plus populaires, les saisons de visite et les types d'activités qui attirent les visiteurs. Cette analyse peut être effectuée en étudiant les rapports et statistiques touristiques publiés par les agences gouvernementales et les organisations touristiques. Les propriétaires d'hôtels peuvent également analyser l'empreinte numérique des clients potentiels à l'aide d'outils tels que Google Analytics et les plateformes de médias sociaux. Fouiller dans les mots-clés et les recherches en ligne liés à l'hébergement rural peut révéler des informations importantes sur les intérêts et les motivations des clients potentiels. En recueillant et en interprétant les données provenant de ces différentes sources, les propriétaires d'hôtels peuvent prendre des décisions éclairées concernant leur hôtel rural, depuis son emplacement et ses installations jusqu'à ses stratégies de marketing et ses pratiques opérationnelles.

L'ANALYSE CONCURRENTIELLE POUR COMPRENDRE LE PAYSAGE DU MARCHÉ ET IDENTIFIER LES OPPORTUNITÉS

L'analyse concurrentielle est un élément crucial pour comprendre le paysage du marché et identifier les opportunités de réussite d'un hôtel rural. En examinant et en évaluant les stratégies et les performances des entreprises concurrentes, les propriétaires d'hôtels peuvent obtenir des informations précieuses pour leur propre stratégie marketing, leurs opérations et l'ensemble de leurs activités. L'importance de l'analyse des concurrents réside dans sa capacité à identifier les lacunes et les faiblesses du marché qui peuvent être exploitées. En évaluant minutieusement les offres, les forces et les faiblesses des concurrents, les hôteliers peuvent identifier les domaines dans lesquels ils peuvent se différencier et offrir des propositions de valeur uniques aux clients potentiels. Par exemple, si l'analyse des concurrents révèle que les hôtels ruraux existants dans la région ne proposent pas de services spécialisés tels que des installations de spa ou des forfaits d'écotourisme, un nouvel opérateur peut profiter de cette opportunité et combler le vide du marché en offrant de tels services. L'analyse concurrentielle aide les hôteliers à comparer les performances de leur hôtel avec celles de leurs concurrents. En comparant des paramètres tels que les taux d'occupation, les tarifs moyens des chambres et les niveaux de satisfaction des clients, les propriétaires peuvent évaluer la compétitivité et les performances de leur propre hôtel sur le marché. Cet exercice d'analyse comparative permet aux propriétaires d'identifier les domaines dans lesquels des améliorations sont nécessaires et fournit une base de référence pour fixer des objectifs et des cibles. L'analyse concurrentielle fournit également des informations précieuses sur les préférences et le comportement des consommateurs. En examinant les critiques, les commentaires et les évaluations des clients sur les hôtels des concurrents, les propriétaires peuvent mieux comprendre quels aspects de l'offre d'un hôtel trouvent un écho auprès des clients et quels sont ceux qui peuvent présenter des lacunes. Armés de ces informations, les propriétaires peuvent adapter et ajuster leur propre offre aux attentes et aux préférences des clients, augmentant ainsi leurs chances d'attirer des clients et de connaître un succès à long terme. L'analyse des concurrents permet également d'identifier les possibilités de collaboration et de partenariat. En analysant le réseau et les alliances des concurrents, les propriétaires peuvent identifier les acteurs clés du secteur et explorer les possibilités de collaboration. Par exemple, si un concurrent a établi des partenariats avec des attractions touristiques locales ou des marques d'hôtellerie bien connues, un propriétaire d'hôtel peut approcher ces entités pour explorer les collaborations potentielles qui peuvent bénéficier aux deux parties. Ces partenariats peuvent permettre d'accéder à de nouveaux marchés, d'améliorer la réputation de l'hôtel et de créer des opportunités de promotion croisée, ce qui se traduit au final par une augmentation des activités et des revenus. L'analyse concurrentielle peut également aider à identifier les menaces et les risques potentiels sur le marché. En évaluant la position sur le marché, la stabilité financière et les stratégies de croissance des concurrents, les propriétaires peuvent identifier les menaces potentielles qui peuvent affecter leur propre entreprise. Par exemple, si l'analyse de la concurrence révèle qu'une marque d'hôtel bien établie prévoit de se développer sur le même marché rural, les propriétaires peuvent se préparer et réagir de manière proactive en renforçant leurs propres stratégies marketing et opérationnelles. En identifiant à l'avance les menaces potentielles, les propriétaires peuvent prendre les précautions nécessaires pour atténuer les risques et rester compétitifs. L'analyse concurrentielle joue un rôle crucial dans la compréhension du paysage du marché et l'identification des opportunités pour la réussite d'un hôtel rural. Elle permet aux propriétaires d'hôtels d'identifier les lacunes du marché, de comparer leurs performances à celles de leurs concurrents, de comprendre les préférences des consommateurs, d'explorer les possibilités de collaboration et d'identifier les menaces potentielles. En exploitant les informations obtenues grâce à l'analyse concurrentielle, les hôteliers peuvent adapter leur offre, se différencier de leurs concurrents et maximiser leurs chances d'attirer des clients et de connaître un succès à long terme. La réalisation d'une analyse concurrentielle approfondie et régulière devrait faire partie intégrante de la stratégie de tout hôtelier pour la création d'un hôtel rural. Un aspect essentiel de la création d'un hôtel rural consiste à choisir le bon emplacement. Cette décision jouera un rôle crucial dans la réussite globale et la rentabilité de l'entreprise. Lors du choix de l'emplacement, plusieurs facteurs doivent être pris en compte. Avant tout, il est important de faire des recherches sur la demande d'hébergement rural dans la région. Il est essentiel de comprendre le marché cible, ses besoins et ses préférences pour déterminer si un emplacement particulier attirera suffisamment de clients pour assurer la pérennité de l'entreprise. L'accessibilité est un autre facteur crucial à prendre en compte lors du choix de l'emplacement d'un hôtel rural. L'établissement doit être facilement accessible par la route ou par d'autres moyens de transport, car les clients peuvent être dissuadés de séjourner dans un hôtel difficile d'accès. Il est important d'évaluer la disponibilité des services et des attractions dans les environs. Les clients qui séjournent dans un hôtel rural recherchent souvent la proximité de la nature, des activités de plein air et des attractions culturelles. Choisir un lieu qui offre une variété d'attractions à proximité contribuera grandement à l'expérience et à la satisfaction globales des clients. L'infrastructure du lieu doit également être prise en compte. Il est important de s'assurer que la zone choisie a accès à des services fiables tels que l'eau, l'électricité et Internet. Ces services de base sont essentiels pour le confort et la commodité des clients et du personnel de l'hôtel. La disponibilité des transports publics et d'autres services nécessaires, tels que les épiceries et les établissements médicaux, doit également être évaluée lors de la sélection d'un emplacement pour un hôtel rural. Un autre aspect important à prendre en compte lors de la création d'un hôtel rural est la conception de l'infrastructure et des installations de l'hôtel. L'hôtel doit être construit de manière à compléter l'environnement naturel et à améliorer l'expérience globale des clients. L'intégration d'éléments de la culture locale et de l'architecture traditionnelle peut créer un environnement unique et authentique qui séduira les visiteurs à la recherche d'une expérience rurale immersive. L'hôtel doit offrir une gamme de services et d'installations qui répondent aux besoins et aux préférences du marché cible. Il peut s'agir d'éléments tels qu'une piscine, un spa, un restaurant ou des salles de conférence, en fonction du segment de marché spécifique que l'hôtel vise à attirer. Il est important de prêter attention à l'aménagement intérieur et à la décoration de l'hôtel. Le choix du mobilier, des matériaux et de la palette de couleurs doit être en accord avec le concept global et l'atmosphère de l'établissement. Créer une atmosphère chaleureuse et accueillante, tout en maintenant la propreté et la fonctionnalité, contribuera grandement à la satisfaction des clients et à l'obtention d'avis positifs. En plus de l'emplacement et de l'infrastructure, la promotion de l'hôtel rural est une autre étape cruciale pour assurer son succès. Des stratégies de marketing efficaces attireront les clients potentiels et stimuleront les réservations. L'utilisation de divers canaux de marketing, tels que les médias sociaux, les agences de voyage en ligne et les offices de tourisme locaux, peut aider à faire connaître l'hôtel et à lui donner de la visibilité. Collaborer avec des entreprises locales, telles que des restaurants, des voyagistes ou des organisateurs d'événements, peut également être bénéfique pour promouvoir l'hôtel auprès d'un public plus large. Un autre aspect important de la promotion est la création d'une forte présence en ligne. Un site Web bien conçu et convivial qui présente les caractéristiques et les offres uniques de l'hôtel est essentiel pour attirer les clients potentiels. De plus, la gestion active des avis en ligne et l'interaction avec les clients sur les plateformes de médias sociaux permettront de construire une réputation positive et d'instaurer un climat de confiance avec les clients potentiels. La création d'un hôtel rural nécessite de prendre soigneusement en compte un certain nombre de facteurs, depuis le choix du bon emplacement jusqu'à la promotion efficace de l'activité. En sélectionnant un emplacement qui répond aux exigences et aux préférences du marché cible, en concevant une infrastructure unique et accueillante et en appliquant des stratégies de marketing efficaces, on peut transformer son rêve d'hôtel rural en une réalité florissante.

IV. DÉVELOPPER UN CONCEPT UNIQUE

Pour se démarquer sur un marché concurrentiel, il est important d'offrir quelque chose de différent et d'attrayant aux clients potentiels. On peut y parvenir par différents moyens, comme l'intégration de la culture et des traditions locales dans la conception et la décoration de l'hôtel. Par exemple, l'utilisation de matériaux indigènes pour la construction et l'intégration de l'art et de l'artisanat locaux dans la décoration intérieure peuvent créer une ambiance unique et authentique. Proposer des expériences et des activités uniques peut attirer les clients qui recherchent quelque chose de plus que le séjour typique à l'hôtel. Il peut s'agir d'excursions dans la nature, de visites guidées des attractions voisines ou d'ateliers et de cours qui permettent aux clients de découvrir les traditions et les compétences locales et d'y participer. En développant un concept qui englobe et met en valeur les aspects uniques de l'emplacement rural, un hôtel peut se différencier de la concurrence et attirer un marché de niche de clients spécifiquement à la recherche d'une expérience rurale authentique.

L'IMPORTANCE DE DÉVELOPPER UN CONCEPT UNIQUE POUR UN HÔTEL RURAL

Tout d'abord, il est essentiel de se démarquer sur un marché concurrentiel pour attirer les clients et générer des affaires. Dans le secteur hôtelier sursaturé d'aujourd'hui, il ne suffit pas de proposer un hébergement et des services de base. Un concept unique permet à un hôtel rural de se différencier de ses concurrents et de capter l'attention des clients potentiels. Que ce soit en adoptant la culture locale, en proposant des activités spécialisées ou en intégrant des pratiques durables, un concept distinct permet de créer un marché de niche pour l'hôtel et d'attirer un public cible spécifique. Cela peut être particulièrement bénéfique dans un cadre rural, où l'emplacement géographique n'a pas forcément le même niveau de fréquentation qu'une zone urbaine, il est donc crucial d'avoir un concept qui se démarque de la foule. Deuxièmement, un concept unique permet d'établir une identité mémorable pour l'hôtel rural. Un concept bien défini donne le ton à l'ensemble de l'expérience des clients, depuis le moment où un client potentiel découvre l'hôtel jusqu'à celui où il le quitte. En développant un concept qui s'aligne sur l'environnement de l'hôtel et capture l'essence de la culture locale, l'hôtel peut créer une impression durable sur ses clients. Cela peut conduire à des recommandations positives de bouche à oreille et à des visites répétées, deux facteurs cruciaux pour le succès à long terme de l'entreprise. Une identité mémorable aide à créer une image de marque forte, qui peut contribuer davantage au succès de l'hôtel en attirant une clientèle fidèle. Un concept unique permet à l'hôtel rural d'accéder à un marché de niche ou de s'adresser à un public cible spécifique. Dans la société actuelle, de plus en plus diversifiée et spécialisée, les voyageurs recherchent des expériences qui répondent à leurs intérêts et préférences individuels. En développant un concept qui s'adresse à un public cible spécifique, comme les amateurs d'aventure, les amoureux de la nature ou les adeptes du bien-être, l'hôtel rural peut attirer un public fidèle de clients passionnés par les mêmes centres d'intérêt. Cela permet non seulement d'assurer un flux régulier de clients, mais aussi de développer des expériences et des services sur mesure qui répondent aux besoins et aux désirs du public cible. En proposant des activités spécialisées, telles que des sentiers de randonnée, des soins de spa ou des ateliers culinaires, l'hôtel rural peut offrir une expérience unique et inoubliable qui va au-delà de l'hébergement traditionnel. Un concept unique peut aider à positionner l'hôtel rural comme un centre d'engagement communautaire et de pratiques durables. Les zones rurales comptent souvent sur le tourisme comme moyen de développement économique, et un hôtel au concept bien défini peut contribuer à la croissance globale et au bien-être de la communauté locale. En intégrant des éléments de la culture locale et en faisant la promotion des entreprises et des produits locaux, l'hôtel peut servir de catalyseur pour promouvoir la région et stimuler l'activité économique locale. L'adoption de pratiques durables, telles que l'utilisation de sources d'énergie renouvelables, la mise en œuvre de mesures de conservation de l'eau ou le soutien aux efforts de conservation locaux, peut positionner l'hôtel comme une destination verte et attirer des clients qui accordent la priorité à la durabilité. En s'engageant activement auprès de la communauté et en adoptant des pratiques durables, l'hôtel rural peut s'imposer comme une entreprise responsable et socialement consciente, ce qui augmente encore son attractivité et génère une publicité positive. Développer un concept unique pour un hôtel rural est crucial pour son succès et sa longévité. Un concept différencié permet à l'hôtel de se démarquer sur un marché concurrentiel, d'établir une identité mémorable et d'accéder à un marché de niche ou à un public cible spécifique. Il peut positionner l'hôtel comme un centre d'engagement communautaire et de pratiques durables, bénéficiant à la fois à la communauté locale et à l'environnement. En élaborant avec soin un concept qui s'adapte à l'environnement de l'hôtel et capture l'essence de la culture locale, l'hôtel rural peut créer une expérience client vraiment unique et inoubliable.

FACTEURS A PRENDRE EN CONSIDERATION : THEME, SERVICES ET PUBLIC CIBLE

Le thème de l'hôtel est un facteur important. Le thème donne le ton à l'ensemble de la propriété et crée une atmosphère distincte pour les clients. Qu'il s'agisse d'un hôtel rustique de style campagnard ou d'un bed and breakfast de luxe, le thème doit être en accord avec la vision globale et le public cible de l'hôtel. Par exemple, si le public cible est constitué de voyageurs soucieux de l'environnement qui accordent de l'importance à la durabilité, le thème pourrait tourner autour d'un design et de pratiques écologiques. D'autre part, si le public cible est aventureux, le thème pourrait se concentrer sur les activités de plein air et les sports d'aventure. Un autre facteur à prendre en compte est celui des services que l'hôtel proposera. Les services jouent un rôle essentiel pour attirer les clients et améliorer leur expérience. Les hôtels ruraux proposent souvent des services uniques que l'on ne trouve généralement pas dans les hôtels urbains, comme des sentiers de randonnée, des installations d'équitation ou des options de restauration de la ferme à la table. Ces services doivent répondre aux préférences et aux intérêts du public cible. Par exemple, si le public cible est constitué de familles avec de jeunes enfants, l'hôtel devrait envisager d'offrir des services adaptés aux enfants, comme une aire de jeux ou un club pour enfants. Il est important de veiller à ce que les services soient bien entretenus et de grande qualité afin d'offrir aux clients une expérience mémorable. Il est essentiel de comprendre le public cible pour créer un hôtel rural. Savoir à qui s'adresse l'hôtel peut éclairer les décisions concernant le thème, les services et même les stratégies de marketing à employer. Le public cible peut varier en fonction de facteurs tels que l'emplacement, l'accessibilité et les attractions à proximité. Par exemple, si l'hôtel est situé dans une région montagneuse pittoresque, le public cible pourrait comprendre les amoureux de la nature, les randonneurs et les aventuriers. D'autre part, si l'hôtel est situé près d'une région viticole populaire, le public cible pourrait être constitué de passionnés de vin et de voyageurs à la recherche d'une escapade relaxante. En connaissant les préférences et les besoins du public cible, l'hôtel peut adapter son offre pour répondre à ses attentes et attirer les bons clients. Il est essentiel de tenir compte de la communauté locale lors de l'ouverture d'un hôtel rural. L'établissement de liens et de partenariats solides avec les organisations commerciales locales et les résidents peut grandement contribuer au succès de l'hôtel. Il peut s'agir de s'approvisionner en produits locaux pour le restaurant de l'hôtel, de collaborer avec des guides touristiques locaux ou de soutenir les artisans locaux en exposant leur travail au sein de l'hôtel. Cela permet non seulement de favoriser le sens de la communauté, mais aussi de créer une expérience unique et authentique pour les clients. Prendre en compte l'impact sur l'environnement local est crucial lors de la création d'un hôtel rural. La durabilité et les pratiques touristiques responsables devraient être au premier plan des activités de l'hôtel. En mettant en place des systèmes économes en énergie, en réduisant les déchets et en favorisant la conservation, l'hôtel peut minimiser son empreinte écologique. La participation à des initiatives locales de conservation, telles que la reforestation ou la restauration de l'habitat, peut contribuer davantage à la préservation de l'environnement. Une approche verte attire non seulement les clients soucieux de l'environnement, mais s'aligne également sur la tendance actuelle du tourisme durable. Plusieurs facteurs doivent être soigneusement pris en compte lors de la création d'un hôtel rural, tels que le thème, les services, le public cible, la communauté locale et l'impact sur l'environnement. En choisissant un thème qui correspond à la vision de l'hôtel et aux préférences du public cible, l'hôtel peut créer une expérience unique et mémorable pour les clients. Offrir des services qui répondent aux intérêts et aux besoins du public cible améliore leur séjour et contribue à leur satisfaction globale. Comprendre les préférences du public cible, ainsi qu'établir des liens solides avec la communauté locale, sont essentiels pour attirer les bons clients et favoriser un sentiment d'appartenance à la communauté. Adopter des pratiques durables et minimiser l'impact environnemental de l'hôtel est non seulement responsable, mais séduit également le nombre croissant de voyageurs soucieux de l'environnement. En examinant attentivement ces facteurs, il est possible de créer un hôtel rural qui se démarque dans le secteur concurrentiel de l'hôtellerie.

EXEMPLES D'HÔTELS RURAUX RÉUSSIS AVEC DES CONCEPTS UNIQUES ET LEUR ATTRACTIVITÉ SUR LE MARCHÉ

Le succès des hôtels ruraux réside souvent dans leur capacité à proposer des concepts uniques qui séduisent le marché.

L'auberge de l'île Fogo à Terre-Neuve, au Canada, en est un exemple. Cet hôtel se distingue par son engagement envers la communauté locale et ses pratiques durables. L'auberge a été conçue par un architecte de renommée internationale et présente une architecture contemporaine qui s'intègre parfaitement au paysage de l'île. En employant des artisans locaux et en s'approvisionnant en matériaux dans les environs, l'auberge de l'île Fogo est devenue un symbole de la fierté de la communauté et a attiré des visiteurs du monde entier. Un autre hôtel rural à succès qui a appliqué un concept unique est le Nimb Hotel, situé à Copenhague, au Danemark. Cet hôtel est situé dans un manoir du 19ème siècle reconverti et offre une atmosphère luxueuse et intime. Ce qui distingue l'hôtel Nimb, c'est son souci d'offrir des expériences personnalisées à ses clients. Dès leur arrivée, les clients sont accueillis par un hôte personnel qui veille à ce que leurs moindres besoins soient satisfaits. L'hôtel propose également une gamme de services exclusifs tels que des expériences gastronomiques privées et des soins de spa personnalisés. Ce souci du détail et cet engagement envers le service ont fait de l'hôtel Nimb une destination privilégiée pour les voyageurs à la recherche d'une expérience rurale haut de gamme. Un troisième exemple d'hôtel rural réussi au concept unique est l'hôtel Aire de Bardenas, situé en Navarre, en Espagne. Cet hôtel est connu pour son design inhabituel, avec des chambres en forme de cube dotées de grandes fenêtres offrant une vue panoramique sur le paysage naturel environnant. Combinant une architecture moderne et élégante avec des éléments rustiques, l'hôtel Aire de Bardenas offre à ses clients une expérience unique. L'hôtel est également fier de son engagement en faveur de la durabilité et propose des équipements écologiques tels que des panneaux solaires et un système de recyclage de l'eau. Cette combinaison d'un design unique et de pratiques respectueuses de l'environnement a attiré un marché de niche de voyageurs qui privilégient à la fois l'esthétique et la responsabilité environnementale. Ces exemples montrent que les hôtels ruraux qui réussissent combinent des concepts innovants avec un fort attrait pour le marché. En offrant quelque chose de différent des hôtels urbains traditionnels, ces établissements sont capables d'attirer un public cible spécifique à la recherche d'une expérience unique et immersive. Qu'il s'agisse d'un engagement envers la communauté locale, d'un service personnalisé ou d'un accent mis sur un design innovant, la clé du succès réside dans la compréhension des désirs et des préférences du marché cible. En outre, les hôtels ruraux qui réussissent tirent souvent parti de leurs concepts uniques pour se différencier de la concurrence et créer une expérience mémorable et significative pour leurs clients. En se concentrant sur ces facteurs et en s'adaptant continuellement à l'évolution des tendances du marché, les propriétaires d'hôtels ruraux peuvent augmenter leurs chances de réussite et s'imposer comme leaders du secteur. Il est important de noter que la création d'un concept unique et commercialisable n'est que la première étape. Pour réussir véritablement, les propriétaires d'hôtels ruraux doivent également investir dans des stratégies de marketing et de promotion efficaces afin d'assurer la visibilité et le succès de leur entreprise. Il peut s'agir d'utiliser des plateformes en ligne, de s'engager avec des influenceurs et de participer à des événements pertinents du secteur. En associant un concept unique à un marketing stratégique, les hôtels ruraux peuvent se positionner comme des options attrayantes et compétitives dans le secteur de l'hôtellerie. Le succès des hôtels ruraux aux concepts uniques réside dans leur capacité à comprendre les désirs de leur marché cible et à créer une expérience qui répond à leurs besoins spécifiques. En proposant quelque chose de différent des hôtels urbains traditionnels et en tirant parti de leurs concepts uniques pour se démarquer, ces établissements peuvent attirer une clientèle fidèle et s'imposer comme des leaders du secteur. Trouver le bon emplacement pour un hôtel rural est crucial pour sa réussite. Lors du choix d'un emplacement, plusieurs facteurs doivent être pris en compte. Tout d'abord, le paysage et les environs doivent être attrayants pour les visiteurs, car les clients recherchent souvent un environnement calme et paisible, loin de l'agitation des zones urbaines. L'endroit doit être facilement accessible, bien desservi par les transports et proche des attractions touristiques populaires. Un lieu bien desservi attire non seulement plus d'hôtes, mais leur permet aussi d'explorer plus facilement les environs. Il est important de tenir compte de la communauté locale et de son soutien au développement du tourisme. S'engager auprès de la communauté locale et comprendre ses besoins et ses préoccupations est essentiel pour établir une relation positive et assurer la croissance durable de l'hôtel. La disponibilité des services nécessaires, tels qu'un approvisionnement fiable en eau et en électricité, doit être évaluée pour assurer le bon fonctionnement de l'hôtel. La viabilité économique de l'emplacement doit être prise en compte. Une analyse approfondie du marché est essentielle pour comprendre la demande d'hébergement dans la région et le paysage concurrentiel. Cela te permettra d'identifier ton marché cible et d'adapter l'offre et les services de ton hôtel en conséquence. Pour trouver le bon emplacement, il faut équilibrer soigneusement des facteurs tels que la beauté naturelle, l'accessibilité, le soutien de la communauté, l'infrastructure et la demande du marché pour créer un hôtel rural. Une fois l'emplacement idéal choisi, l'étape suivante consiste à planifier et à concevoir l'infrastructure de l'hôtel. Il est important d'élaborer un plan global qui comprend l'aménagement, l'architecture et les installations de l'hôtel. La conception doit être en harmonie avec le paysage environnant et refléter l'esthétique rurale. L'utilisation de matériaux locaux et l'incorporation d'éléments traditionnels peuvent ajouter de l'authenticité et du charme à l'ambiance générale de l'hôtel. Les installations doivent être soigneusement planifiées pour répondre aux besoins et aux préférences du marché cible. Les services communs tels qu'un restaurant, un bar et des espaces de loisirs doivent être inclus. Compte tenu de la demande croissante en matière de tourisme durable, l'intégration de pratiques écologiques, telles que les sources d'énergie renouvelables et les mesures de conservation de l'eau, doit faire partie du processus de conception. L'infrastructure doit non seulement offrir commodité et confort aux clients, mais aussi véhiculer l'identité et le concept uniques de l'hôtel. Après avoir finalisé la conception, l'obtention du financement est la prochaine étape cruciale dans le processus de création d'un hôtel rural. Le coût de la création d'un hôtel peut varier considérablement en fonction de plusieurs facteurs, tels que l'emplacement, la taille et le niveau de luxe. Il est important de calculer avec précision l'investissement nécessaire et de rédiger un plan d'affaires détaillé afin d'attirer des investisseurs potentiels ou d'obtenir des prêts. Explorer différentes options de financement, telles que les prêts bancaires, le crowdfunding ou les partenariats, peut aider à diversifier les sources de financement et à atténuer les risques. L'obtention des permis et licences nécessaires est essentielle pour répondre aux exigences légales et assurer un fonctionnement harmonieux. Il peut s'agir de permis liés à la construction, au service d'aliments et de boissons, à la santé et à la sécurité, et aux réglementations environnementales. Demander des conseils et de l'aide à des professionnels peut grandement faciliter le processus d'obtention des permis et la compréhension des obligations légales. La promotion de l'hôtel rural est vitale pour attirer des clients potentiels et établir une base de clientèle solide. L'élaboration d'une stratégie marketing complète est essentielle pour mettre en valeur les aspects uniques de l'hôtel et cibler le bon public. L'utilisation de divers canaux de marketing, tels que les médias sociaux, les agences de voyage en ligne et la publicité imprimée traditionnelle, peut aider à accroître la visibilité et à atteindre un public plus large. Collaborer avec des organisations touristiques locales et participer à des salons et des expositions peut également générer une exposition précieuse et des opportunités de réseautage. Proposer des forfaits attractifs et des expériences sur mesure peut différencier l'hôtel de la concurrence et créer un marché de niche. Créer une forte présence en ligne grâce à un site web convivial et interagir activement avec les clients par le biais d'avis et de commentaires est crucial pour instaurer la confiance et la fidélité. Évaluer régulièrement l'efficacité des efforts de marketing et procéder aux ajustements nécessaires en fonction des tendances du marché et des commentaires des clients est essentiel pour conserver un avantage concurrentiel. La création d'un hôtel rural nécessite de prendre soigneusement en compte plusieurs facteurs clés. Du choix du bon emplacement et de la conception de l'infrastructure à l'obtention du financement et à la promotion de l'entreprise, chaque étape joue un rôle essentiel dans la réussite globale de l'entreprise. En comprenant les besoins et les préférences du marché cible, en s'engageant auprès de la communauté locale et en intégrant des pratiques durables, un hôtel rural peut offrir une expérience unique et mémorable aux clients, tout en contribuant à promouvoir le tourisme rural.

V. ÉLABORATION D'UN PLAN D'AFFAIRES

L'élaboration d'un plan d'affaires est essentielle pour tout entrepreneur qui souhaite créer un hôtel rural. Un plan d'affaires bien conçu sert de feuille de route, guidant l'hôtelier à chaque étape du processus et lui donnant une vision claire de l'avenir. L'un des éléments clés d'un plan d'affaires est le résumé, qui implique une description concise de l'hôtel et de ses principaux objectifs. Cette section doit mettre en évidence les arguments de vente uniques de l'hôtel et son marché cible, ainsi que les prévisions financières et les objectifs commerciaux. Le plan d'affaires doit comprendre une analyse complète du marché, détaillant le paysage concurrentiel et identifiant les opportunités de croissance et de différenciation. Cette analyse doit prendre en compte des facteurs tels que la démographie du marché cible, la demande d'hébergement en milieu rural et les tendances dominantes dans l'industrie hôtelière. Le plan d'affaires doit présenter une solide stratégie de marketing et de vente pour attirer et fidéliser les clients. Cette stratégie doit englober des campagnes et des tactiques promotionnelles efficaces, ainsi qu'une évaluation de la présence en ligne de l'hôtel et de la gestion de sa réputation. À l'ère du numérique, il est crucial d'avoir une forte présence en ligne pour attirer les clients potentiels, il est donc important de définir les grandes lignes d'une stratégie visant à exploiter les plateformes de médias sociaux, l'optimisation des moteurs de recherche et les plateformes de réservation en ligne afin d'atteindre le public souhaité. Une autre partie intégrante du plan d'affaires est la structure opérationnelle et l'équipe de direction. Cette section doit détailler la structure organisationnelle de l'hôtel, y compris les responsabilités et les qualifications du personnel clé, ainsi que les partenariats ou collaborations qui peuvent améliorer l'offre de l'hôtel. En outre, le plan doit présenter l'infrastructure et les services nécessaires pour offrir des expériences exceptionnelles aux clients et assurer un fonctionnement sans heurts. Cela inclut des considérations telles que la conception des chambres, les options de restauration, les installations de loisirs et les directives en matière de service à la clientèle. Une analyse financière approfondie est cruciale pour la réussite du plan d'affaires. Cette analyse doit comprendre une estimation des coûts de démarrage, ainsi que des prévisions de recettes et de dépenses pour les premières années d'exploitation. Il est important de prendre en compte des facteurs tels que les coûts fixes et variables, les taux d'occupation, les tarifs journaliers moyens et les dépenses d'exploitation. En réalisant une analyse financière approfondie, les propriétaires d'hôtels peuvent se faire une idée réaliste de la viabilité financière et de la rentabilité de leur entreprise. Cette analyse peut être utilisée pour lever des fonds et attirer des investisseurs potentiels. En conclusion, l'élaboration d'un plan d'affaires pour un hôtel rural est essentielle pour définir une orientation claire et assurer le succès de l'entreprise. Un plan bien conçu donne un aperçu des objectifs de l'hôtel, du marché cible, du paysage concurrentiel et des prévisions financières. Il présente également une stratégie de marketing et de vente, une structure opérationnelle et une équipe de direction, ainsi qu'une analyse financière détaillée. Tout au long du processus de création d'un plan d'affaires, il est important pour les propriétaires d'hôtels de faire

des recherches approfondies, de demander des conseils professionnels, et d'affiner et de mettre à jour continuellement leur
plan si nécessaire. Avec un plan d'affaires solide, les entrepreneurs peuvent affronter en toute confiance les défis liés à la
création d'un hôtel rural et transformer leurs rêves en une réalité
réussie.

ÉLÉMENTS ESSENTIELS D'UN PLAN D'AFFAIRES COMPLET POUR UN HÔTEL RURAL

Un plan d'affaires complet pour un hôtel rural doit comporter plusieurs éléments essentiels qui sont déterminants pour la réussite de l'entreprise. Tout d'abord, une analyse de marché détaillée doit être effectuée pour évaluer la demande d'un hôtel dans la zone rurale et pour identifier les segments de marché cibles. Cette analyse doit prendre en compte des facteurs tels que l'analyse des concurrents, les préférences des clients et les tendances touristiques de la région. Comprendre la dynamique du marché permettra à l'hôtel de concevoir efficacement ses offres et ses stratégies de marketing. Deuxièmement, le plan opérationnel de l'hôtel doit décrire le processus de mise en place et de gestion de l'infrastructure, des installations et des services de l'hôtel. Cela comprend l'agencement et la conception de l'hôtel, les besoins en personnel, l'acquisition des équipements nécessaires et la mise en place de systèmes de réservation, de ménage et d'entretien appropriés. Un plan opérationnel bien défini garantira un fonctionnement sans heurts et la satisfaction des clients. Troisièmement, le plan financier est un élément crucial du plan d'affaires d'un hôtel rural. Il doit comprendre des projections détaillées des recettes, des dépenses et des flux de trésorerie de l'hôtel pour au moins les trois premières années. Il doit prendre en compte des facteurs tels que les tarifs des chambres, les taux d'occupation, les dépenses moyennes des clients et les coûts d'exploitation. Le plan financier doit également évaluer la viabilité du projet en déterminant le seuil de rentabilité, le retour sur investissement et le potentiel de profitabilité. Il doit décrire les sources et les utilisations des fonds, y compris les options de financement telles que les prêts ou les investissements. Ensuite, le plan marketing est essentiel pour promouvoir l'hôtel rural et attirer les clients. Il comprend une analyse des segments de marché cibles, un aperçu des avantages concurrentiels de l'hôtel et une stratégie claire sur la façon d'atteindre et d'engager les clients potentiels. Le plan marketing doit identifier les canaux de promotion appropriés, tels que les agences de voyage en ligne, les plateformes de médias sociaux et les associations touristiques locales. Il doit présenter la stratégie de prix de l'hôtel, le positionnement de la marque et les arguments de vente uniques pour se différencier des concurrents et attirer les clients. Le plan d'affaires doit intégrer un plan complet de gestion des risques. Il s'agit notamment d'évaluer et d'atténuer les différents risques susceptibles d'affecter les activités et les résultats financiers de l'hôtel. Les risques tels que l'évolution des conditions du marché, les catastrophes naturelles, les changements de réglementation et les problèmes de personnel doivent faire l'objet d'une évaluation approfondie. Des stratégies doivent être élaborées pour minimiser et gérer ces risques, comme l'acquisition d'une couverture d'assurance, la mise en œuvre de plans d'intervention d'urgence et le maintien de relations solides avec les fournisseurs et les partenaires. Le plan de ressources humaines est vital pour assurer le bon fonctionnement de l'hôtel. Il doit décrire les stratégies de recrutement, de formation et de fidélisation d'une main-d'œuvre qualifiée et motivée. Les descriptions de poste des employés et les mécanismes de mesure des performances doivent être clairement définis pour maintenir un niveau de service élevé. Le plan de ressources humaines doit également aborder la question de la rémunération et des avantages sociaux des employés, ainsi que les stratégies de développement et de progression de carrière des employés. Le plan de développement durable doit être intégré au plan d'affaires d'un hôtel rural. Cela inclut des stratégies visant à minimiser l'empreinte environnementale de l'hôtel et à promouvoir la responsabilité sociale. Des initiatives telles que la mise en œuvre de pratiques d'efficacité énergétique, de programmes de gestion des déchets et de soutien aux communautés locales peuvent améliorer la réputation de l'hôtel et attirer des clients soucieux de l'environnement. Un plan d'affaires complet pour un hôtel rural doit comprendre des éléments tels que l'analyse du marché, le plan opérationnel, le plan financier, le plan marketing, le plan de gestion des risques, le plan des ressources humaines et le plan de durabilité. Chacun de ces éléments est essentiel pour assurer le succès et la durabilité d'un hôtel rural. En abordant ces aspects de façon systématique et détaillée, les propriétaires d'hôtels et les investisseurs peuvent créer une feuille de route pour leur entreprise et augmenter leurs chances de transformer leur rêve en une réalité réussie.

PRÉVISIONS FINANCIÈRES, STRATÉGIES DE MARKETING ET PLANS OPÉRATIONNELS

Pour créer un hôtel rural, il est crucial de comprendre et de mettre en œuvre trois éléments clés : les prévisions financières, les stratégies de marketing et les plans opérationnels. Les prévisions financières jouent un rôle important dans la réussite globale d'une entreprise, car elles permettent aux propriétaires d'hôtels d'anticiper et de planifier leurs besoins financiers futurs. En analysant les données historiques et les tendances, les propriétaires d'hôtels peuvent prendre des décisions éclairées sur les budgets, les investissements et la génération de revenus. Ils peuvent ainsi fixer des objectifs financiers réalistes et mettre en œuvre des stratégies pour les atteindre. Les prévisions financières aident les propriétaires d'hôtels à identifier les risques et les défis potentiels qui pourraient se présenter à l'avenir, ce qui leur permet d'aborder ces problèmes de manière proactive et d'atténuer les pertes potentielles. Les prévisions financières fournissent une feuille de route pour la réussite et la stabilité financières. En plus des prévisions financières, des stratégies de marketing efficaces sont essentielles à la réussite d'un hôtel rural. Le marketing joue un rôle clé pour attirer les clients potentiels et créer une image de marque positive. En comprenant le marché cible et ses préférences, les propriétaires d'hôtels peuvent adapter leurs efforts de marketing pour atteindre et engager efficacement les clients potentiels. Cela peut impliquer différents canaux de marketing, tels que des publicités en ligne, des campagnes sur les médias sociaux et des partenariats avec des organisations touristiques locales. Les stratégies marketing ne doivent pas seulement se concentrer sur l'attraction de nouveaux clients, mais aussi sur la fidélisation des clients existants. Cet objectif peut être atteint grâce à des programmes de fidélisation, des expériences personnalisées et un excellent service à la clientèle. En investissant dans des stratégies de marketing, les propriétaires d'hôtels peuvent accroître la notoriété de leur marque, favoriser les réservations et, en fin de compte, améliorer la rentabilité de leur entreprise. Outre les prévisions financières et les stratégies de marketing, il est essentiel pour la réussite d'un hôtel rural d'avoir des plans opérationnels bien définis. Les plans opérationnels décrivent les activités et les procédures quotidiennes qui doivent être suivies pour gérer efficacement l'hôtel. Cela comprend des domaines tels que la gestion du personnel, les services aux clients, le nettoyage et l'entretien. En définissant clairement les rôles et les responsabilités, les propriétaires d'hôtels peuvent s'assurer que toutes les tâches sont exécutées à temps et que les clients bénéficient d'une expérience sans heurts. Les plans opérationnels doivent également aborder la préparation aux situations d'urgence et les plans de secours, car des événements imprévus peuvent survenir dans l'industrie hôtelière. En mettant en place des plans opérationnels complets, les propriétaires d'hôtels peuvent minimiser les perturbations, optimiser l'allocation des ressources et garantir un niveau de service constant. On ne saurait trop insister sur l'importance des prévisions financières, des stratégies de marketing et des plans opérationnels pour la réussite d'un hôtel rural. Ces trois éléments travaillent ensemble pour créer une base solide pour une entreprise prospère. Les prévisions financières fournissent des informations sur les besoins financiers futurs, ce qui permet aux propriétaires d'hôtels de prendre des décisions éclairées et de fixer des objectifs réalistes. Les stratégies de marketing aident à attirer les clients et à créer une image de marque positive, ce qui favorise les réservations et augmente le chiffre d'affaires. Les plans opérationnels permettent de s'assurer que les opérations quotidiennes se déroulent bien, garantissant ainsi un excellent service et la satisfaction des clients. En mettant en œuvre ces éléments de manière efficace, les propriétaires d'hôtels peuvent augmenter leur rentabilité, établir une solide réputation et finalement réaliser leur rêve de posséder un hôtel rural. Les prévisions financières, les stratégies de marketing et les plans opérationnels sont essentiels à la réussite d'un hôtel rural. Les prévisions financières permettent aux propriétaires d'hôtels d'anticiper les besoins financiers futurs et de prendre des décisions éclairées en matière de budgétisation et de génération de revenus. Les stratégies de marketing jouent un rôle crucial pour attirer les clients et créer une image de marque positive. Les plans opérationnels permettent de s'assurer que les opérations quotidiennes se déroulent sans heurts et que les clients bénéficient d'une expérience sans faille. En mettant en œuvre ces composantes de manière efficace, les propriétaires d'hôtels peuvent augmenter leur rentabilité et établir une solide réputation dans le secteur. Ces trois éléments constituent une feuille de route pour la réussite et jettent les bases d'un hôtel rural prospère.

CONSEILS POUR CRÉER UN PLAN D'AFFAIRES SOLIDE QUI ATTIRE LES INVESTISSEURS ET ASSURE LE FINANCEMENT

La création d'un plan d'affaires solide est cruciale pour attirer les investisseurs et garantir le financement d'un hôtel rural. Le plan d'affaires sert de feuille de route décrivant la vision, les objectifs et les stratégies de l'hôtel, et donne un aperçu du potentiel de réussite de l'entreprise. Pour que ton plan d'affaires soit convaincant et se démarque auprès des investisseurs, il y a plusieurs conseils clés à garder à l'esprit. Tout d'abord, il est essentiel de faire des recherches approfondies et de comprendre le marché cible de ton hôtel rural. Les investisseurs veulent voir que tu as une idée claire de l'identité de tes clients potentiels et de la façon dont tu vas les atteindre efficacement. Il s'agit notamment d'identifier les données démographiques, les préférences et les comportements de ton public cible, ainsi que de connaître la concurrence dans la région. En faisant preuve d'une compréhension approfondie du marché, tu peux montrer la rentabilité potentielle de ton hôtel et attirer des investisseurs qui croient en ton concept commercial. En plus de comprendre ton marché cible, il est important de formuler clairement ta proposition de valeur unique dans ton plan d'affaires. Qu'est-ce qui différencie ton hôtel rural des autres dans la région ? Il peut s'agir de facteurs tels que l'emplacement, les services ou les offres expérientielles qui permettent à ton hôtel de se démarquer. En mettant en évidence ce qui rend ton hôtel unique, tu peux montrer aux investisseurs pourquoi les clients choisiront ton établissement plutôt que les concurrents, ce qui augmente finalement la probabilité d'obtenir un financement. Les projections financières et l'analyse du plan d'affaires doivent être approfondies, réalistes et basées sur une étude de marché solide. Les investisseurs veulent voir que tu as une solide compréhension des aspects financiers de l'entreprise et que tu as soigneusement pris en compte des facteurs tels que les coûts, les revenus et les marges bénéficiaires. Il s'agit notamment de présenter un budget détaillé, comprenant les coûts de démarrage, les coûts d'exploitation et les recettes attendues sur une période donnée. Effectuer une analyse du seuil de rentabilité et fournir un calendrier de la date à laquelle l'hôtel devrait atteindre la rentabilité peut inspirer encore plus de confiance aux investisseurs potentiels. Lors de la présentation du plan d'affaires aux investisseurs potentiels, il est essentiel d'avoir un résumé clair et concis qui communique efficacement les points forts et les avantages de l'hôtel. Les investisseurs sont souvent très occupés et n'ont pas forcément le temps de lire de longs documents, c'est pourquoi le résumé doit être convaincant et concis. Il doit capturer l'essence du plan d'affaires et présenter des arguments solides pour expliquer pourquoi l'investisseur devrait investir dans ton hôtel rural. Il est également important d'inclure dans le plan d'affaires une stratégie de marketing et de promotion détaillée pour démontrer comment l'hôtel va attirer les clients et générer des revenus. Il peut s'agir d'un plan de marketing numérique complet, de stratégies sur les médias sociaux, de partenariats avec les offices de tourisme locaux ou rurales publicitaires ciblées. En montrant un plan marketing solide, les investisseurs peuvent voir comment tu prévois de différencier ton hôtel et d'attirer des clients potentiels. Il est crucial d'avoir une équipe de gestion solide et une structure organisationnelle décrite dans le plan d'affaires. Les investisseurs veulent voir que tu disposes d'une équipe ayant les compétences et l'expérience nécessaires pour gérer avec succès l'hôtel rural. Il s'agit notamment de détailler les rôles et les responsabilités des principaux membres de l'équipe, leurs qualifications et leur expérience pertinente. La mise en évidence de toute expérience ou certification dans le secteur peut renforcer la crédibilité de l'équipe de gestion. La création d'un plan d'affaires solide est cruciale pour attirer les investisseurs et obtenir le financement d'un hôtel rural. En faisant des recherches approfondies sur le marché cible, en formulant une proposition de valeur unique, en fournissant des projections financières réalistes, en élaborant un résumé clair, en décrivant une stratégie marketing complète et en mettant en place une équipe de gestion solide, tu peux augmenter les chances d'obtenir les fonds nécessaires pour réaliser ton rêve d'ouvrir un hôtel rural. L'ouverture d'un hôtel rural réussi nécessite une réflexion et une planification approfondies. La première étape consiste à choisir le bon emplacement, en tenant compte de facteurs tels que l'accessibilité, le paysage et la clientèle potentielle. Une fois l'emplacement choisi, il est important de réaliser une étude de marché approfondie pour comprendre la demande et la concurrence dans la région. Cette étude permettra de déterminer la taille et le style appropriés de l'hôtel, ainsi que les types d'équipements et de services à proposer. Il est essentiel de créer une proposition de vente unique qui distingue l'hôtel des autres établissements de la région. Cela peut être basé sur le décor thématique de l'hôtel, les pratiques écologiques ou un service à la clientèle exceptionnel. L'établissement de relations solides avec les fournisseurs et les entreprises locales est également essentiel pour assurer le succès d'un hôtel rural. Soutenir les entreprises locales contribue non seulement à l'économie locale, mais améliore également l'expérience globale des clients en leur offrant des expériences uniques et authentiques. Une fois que l'hôtel est construit et prêt à accueillir des clients, il est essentiel de mettre en place des stratégies de marketing efficaces pour attirer les clients. L'utilisation de techniques de marketing en ligne et hors ligne, telles qu'un site Web convivial, des promotions sur les médias sociaux et des partenariats avec des agences de voyage, peut aider à accroître la visibilité et à assurer les réservations. Il est également important de surveiller et d'analyser en permanence les performances de l'hôtel et d'ajuster les stratégies si nécessaire. Se tenir au courant des tendances du secteur et intégrer les commentaires des clients aidera l'hôtel à rester compétitif et à assurer son succès à long terme. Fournir un service à la clientèle exceptionnel et faire en sorte que les clients se sentent bienvenus et appréciés encouragera non seulement les clients à revenir, mais entraînera également une promotion positive par le bouche-à-oreille. En suivant ces étapes et en consacrant le temps, les efforts et les ressources nécessaires, les hôteliers en herbe peuvent faire de leur rêve d'ouvrir un hôtel rural une réalité.

VI. OBTENIR UN FINANCEMENT

L'un des aspects clés de la création d'un hôtel rural est l'obtention d'un financement adéquat. La création d'un hôtel nécessite un investissement financier important et il est vital d'explorer différentes options de financement pour s'assurer que l'on dispose d'un capital suffisant. L'une des options consiste à demander un prêt bancaire ou une ligne de crédit auprès d'une institution financière. Il est important d'aborder cette voie avec un plan d'affaires bien préparé, décrivant les recettes et les dépenses prévues, l'analyse des flux de trésorerie et le retour sur investissement attendu. Cela aidera à convaincre les prêteurs que l'entreprise est viable et qu'elle a de bonnes chances de réussir. Des antécédents de crédit solides et des actifs en garantie sont essentiels pour obtenir un prêt. Une autre option de financement consiste à trouver des investisseurs intéressés à soutenir le concept d'hôtel rural. Ces investisseurs peuvent être des individus ou des groupes qui s'intéressent fortement à l'industrie hôtelière ou qui voient un potentiel dans l'emplacement rural particulier choisi pour l'hôtel. La présentation d'un plan d'affaires détaillé et la mise en évidence des arguments de vente uniques de l'hôtel rural seront cruciales pour attirer ces investisseurs. Il est essentiel de montrer le retour sur investissement potentiel et les perspectives de croissance durable de l'hôtel pour gagner leur confiance et leur engagement. Le crowdfunding est une autre voie qui mérite d'être explorée pour lever des fonds. Grâce à diverses plateformes en ligne, il est possible d'atteindre un large groupe d'investisseurs potentiels susceptibles de soutenir le développement de l'hôtel rural. L'utilisation des médias sociaux, des réseaux personnels et des campagnes de promotion peut augmenter considérablement les chances de réunir des capitaux grâce au crowdfunding. Les aides et les subventions proposées par les organismes gouvernementaux ou les organisations liées au tourisme peuvent constituer une autre source de financement pour les hôtels ruraux. Ces aides et subventions sont souvent disponibles pour des projets qui s'alignent sur les stratégies de développement régional ou qui promeuvent le tourisme dans les zones rurales. Il est essentiel de faire des recherches et de se tenir au courant de la disponibilité de ces possibilités de financement, car elles peuvent réduire considérablement le fardeau financier initial de la création d'un hôtel. En plus des sources de financement externes, il est également essentiel de considérer l'épargne et les investissements personnels comme un moyen de lever des fonds pour l'hôtel rural. Selon la portée et la vision de l'hôtel, les contributions personnelles peuvent jouer un rôle important en fournissant le capital de départ nécessaire. Cette option peut obliger les individus à retarder le démarrage de leur projet d'hôtel jusqu'à ce qu'ils aient épargné une somme suffisante ou liquidé des actifs existants. S'appuyer uniquement sur des fonds personnels peut limiter l'échelle et le rythme auxquels l'hôtel peut se développer. Il est crucial de trouver un équilibre entre les contributions personnelles et les sources de financement externes pour assurer une trajectoire de croissance durable. Profiter des incitations fiscales et des avantages gouvernementaux peut également aider à garantir le financement de l'hôtel rural. Ces incitations peuvent comprendre des allègements fiscaux, des exonérations ou des subventions spécifiquement conçues pour promouvoir les investissements dans le secteur de l'hôtellerie, en particulier dans les zones rurales. Travailler avec les autorités locales et être au courant des différentes réglementations et politiques en place peut aider à identifier et à profiter de ces incitations. Il est important de consulter des conseillers fiscaux et des professionnels du droit pour s'assurer du respect de toutes les lois et réglementations pertinentes. Obtenir le financement d'un hôtel rural est une étape essentielle pour que le rêve devienne réalité. En explorant diverses options de financement, telles que les prêts bancaires, les investisseurs, le crowdfunding, les subventions et les économies personnelles, il est possible d'obtenir le capital nécessaire pour démarrer et développer le projet d'hôtel rural. Profiter des incitations fiscales et des avantages gouvernementaux peut aider davantage à obtenir des financements. Adopter une approche proactive pour lever des fonds permettra non seulement d'obtenir les fonds nécessaires, mais aussi d'inspirer confiance aux prêteurs, aux investisseurs et aux partenaires, jetant ainsi les bases de la réussite de l'entreprise.

OPTIONS DE FINANCEMENT DISPONIBLES POUR LES FUTURS PROPRIÉTAIRES D'HÔTELS RURAUX

L'un des principaux défis auxquels sont confrontés les aspirants propriétaires d'hôtels ruraux est d'obtenir le financement nécessaire pour faire décoller leur entreprise. Heureusement, il existe plusieurs options de financement qui peuvent les aider à réaliser leur rêve. L'une de ces options consiste à obtenir un prêt bancaire conventionnel. Les banques proposent souvent des prêts spécialement conçus pour les petites entreprises, y compris les hôtels. Il est important que les aspirants hôteliers préparent un plan d'affaires complet qui démontre la rentabilité potentielle et la durabilité de leur entreprise. Cela permettra de convaincre la banque de prêter les fonds nécessaires. Une autre option de financement consiste à rechercher des investissements auprès de personnes ou de groupes privés. Cela peut se faire par le biais de partenariats ou en offrant des parts de l'entreprise en échange d'un soutien financier. Ces dernières années, le crowdfunding s'est également imposé comme une option populaire pour lever des fonds pour les petites entreprises, y compris les hôtels ruraux. Grâce aux plateformes de crowdfunding, les aspirants hôteliers peuvent présenter leur idée d'entreprise à un large public et solliciter des contributions. Cette option peut être particulièrement bénéfique pour ceux qui ont un concept unique ou innovant susceptible de susciter l'intérêt des bailleurs de fonds potentiels. Les aspirants hôteliers ruraux peuvent explorer les bourses et les subventions fournies par les organisations gouvernementales ou les fondations à but non lucratif. Ces formes de financement sont conçues pour soutenir le développement rural et peuvent apporter une aide financière aux entrepreneurs qui souhaitent créer des entreprises dans les zones rurales. Il est important de noter que l'obtention de bourses et de subventions implique souvent un processus de demande rigoureux et des critères d'éligibilité stricts. Une autre option de financement possible consiste à puiser dans les économies ou les actifs personnels. De nombreux aspirants hôteliers utilisent leurs propres économies ou actifs, tels que des propriétés ou des véhicules, comme garantie pour obtenir des prêts auprès de banques ou d'autres institutions financières. Cette approche peut démontrer un engagement personnel envers l'entreprise et augmenter les chances d'obtenir un financement. Les hôteliers en herbe peuvent envisager de rechercher un financement auprès d'institutions de prêt spécialisées qui se concentrent spécifiquement sur le secteur hôtelier. Ces institutions ont une connaissance approfondie des défis et des opportunités uniques auxquels sont confrontés les hôtels, en particulier ceux des zones rurales. Elles peuvent proposer des solutions de financement personnalisées, adaptées aux besoins spécifiques de l'entreprise. Les futurs propriétaires d'hôtels ruraux devraient explorer les programmes de prêts soutenus par le gouvernement qui ciblent spécifiquement les petites entreprises dans les zones rurales. Ces programmes offrent souvent des conditions plus favorables, telles que des taux d'intérêt plus bas et des périodes de remboursement plus longues, ce qui en fait une option intéressante pour ceux qui souhaitent créer un hôtel rural. Il est important de faire des recherches approfondies et de comprendre les exigences et les obligations associées à ces programmes avant de faire une demande. Il existe un certain nombre d'options de financement disponibles pour les aspirants propriétaires d'hôtels ruraux. Des prêts bancaires classiques au crowdfunding en passant par les subventions publiques, chaque option a ses propres avantages et considérations. En évaluant soigneusement leurs besoins et en tenant compte des caractéristiques uniques de leur entreprise, les propriétaires peuvent choisir l'option de financement la plus adaptée et faire de leur rêve de gérer un hôtel rural une réalité.

PROCESSUS D'OBTENTION DE PRÊTS, DE SUBVENTIONS OU DE RECHERCHE D'INVESTISSEURS POTENTIELS

Obtenir des prêts, des subventions ou trouver des investisseurs potentiels est une étape cruciale dans le processus de création d'un hôtel rural. En matière de financement, plusieurs options s'offrent aux hôteliers en herbe. L'une d'entre elles consiste à obtenir des prêts auprès d'institutions financières telles que les banques. Pour naviguer dans ce processus, il est essentiel d'avoir un plan d'affaires bien préparé qui expose clairement la rentabilité potentielle de l'hôtel et définit comment le prêt sera utilisé pour atteindre les objectifs de l'entreprise. Les institutions financières peuvent exiger des sûretés ou des garanties personnelles pour atténuer leur propre risque. Il est important d'être clair sur les conditions attachées au prêt. En plus des prêts, les subventions peuvent également constituer une source viable de financement pour les projets d'hôtels ruraux. Les subventions sont généralement accordées par des agences gouvernementales ou des organisations à but non lucratif et sont attribuées sur la base de critères spécifiques, tels que la promotion du tourisme ou la revitalisation des communautés rurales. Il convient de noter que l'obtention de subventions peut être très compétitive, de nombreuses personnes et organisations étant en concurrence pour des possibilités de financement limitées. Il est donc essentiel de faire des recherches approfondies et de comprendre les exigences et les critères d'éligibilité de chaque programme de subvention, en adaptant ta demande pour maximiser tes chances de succès. Trouver des investisseurs potentiels peut être un autre moyen de lever des fonds pour un projet d'hôtel rural. Ces investisseurs peuvent être des particuliers ou des institutions à la recherche d'opportunités pour investir leur capital dans des entreprises prometteuses. Pour attirer les investisseurs, il est crucial d'avoir un plan d'affaires bien élaboré qui démontre clairement le retour sur investissement potentiel. Les investisseurs sont souvent à la recherche d'opportunités dont les perspectives financières sont solides et la présentation d'un plan clair et complet peut contribuer à leur inspirer confiance dans leur décision d'investir dans le projet. Le réseautage et l'établissement de relations avec des personnes ou des groupes intéressés par le soutien au développement rural ou la promotion du tourisme peuvent fournir des contacts précieux et des investisseurs potentiels pour le projet. Obtenir des prêts, des subventions ou trouver des investisseurs potentiels nécessite une planification minutieuse, des recherches et un plan d'affaires bien exécuté qui met en évidence la viabilité et la rentabilité de l'hôtel rural. En comprenant les exigences et les conditions associées aux institutions financières, aux subventions et aux investisseurs, les aspirants hôteliers peuvent se positionner pour obtenir le financement nécessaire à leur projet. Il est important de reconnaître que la recherche de financement n'est pas une approche unique et qu'elle nécessitera une stratégie sur mesure qui correspond aux buts et objectifs spécifiques de l'hôtel rural. Maintenir des lignes de communication ouvertes, faire preuve de transparence et montrer un engagement fort en faveur de la réussite peut aider à établir la confiance avec les prêteurs, les organismes de subvention ou les investisseurs potentiels. La création d'un hôtel rural est une entreprise aux multiples facettes et l'obtention d'un financement joue un rôle clé dans la transformation de ce rêve en réalité. En explorant avec diligence les options de prêt, en recherchant les subventions disponibles et en cultivant des relations avec des investisseurs potentiels, les hôteliers en herbe peuvent construire une base financière solide pour leur projet. Il est important d'aborder ce processus avec patience et persévérance, en reconnaissant que l'obtention d'un financement peut prendre du temps et des efforts. Avec un plan d'affaires bien préparé, une compréhension claire des exigences et une approche globale, obtenir des prêts, des subventions ou trouver des investisseurs potentiels est un objectif réalisable sur le chemin de la création d'un hôtel rural.

CONSEILS POUR TROUVER DES FINANCEMENTS POUR TON PROJET D'HÔTEL

Pour obtenir des financements pour un projet d'hôtel, il est essentiel de présenter un dossier convaincant qui démontre la viabilité et la rentabilité de l'entreprise. Tout d'abord, il est crucial de réaliser une étude de marché approfondie afin de recueillir des données et des informations sur le marché cible, la concurrence et la demande potentielle. Ces informations permettront d'établir une base solide pour le plan d'affaires, qui doit comprendre une analyse approfondie des projections financières, telles que les prévisions de recettes et de dépenses, les seuils de rentabilité et le retour sur investissement. La mise en évidence d'arguments de vente uniques et d'avantages concurrentiels, tels que l'emplacement, les installations et les services, rendra le projet plus attrayant pour les investisseurs potentiels. Il est également important d'exposer une stratégie marketing et promotionnelle claire qui montre comment l'hôtel attirera et fidélisera les clients, notamment par la publicité en ligne et hors ligne, l'engagement sur les médias sociaux et les partenariats avec les agences de tourisme locales. Un autre aspect essentiel est de démontrer l'existence d'une équipe de direction solide ayant une expérience pertinente dans le secteur hôtelier, ainsi qu'une structure organisationnelle et un plan de dotation en personnel bien définis. Fournir la preuve d'une stratégie de gestion des risques solide, y compris des plans d'urgence en cas d'événements imprévus, renforcera encore la crédibilité du dossier.

Créer une présentation visuellement attrayante et captivante, en utilisant des outils multimédias tels que des diaporamas, des vidéos et des visites virtuelles, peut aider à capter l'attention et l'intérêt des investisseurs potentiels. Il est important de créer un récit professionnel et persuasif intégrant à la fois des données statistiques et une narration convaincante, entremêlant les aspects financiers avec une vision de la croissance et du succès futurs de l'hôtel. Renforcer la crédibilité et la confiance des investisseurs potentiels peut se faire en partageant des témoignages d'experts du marché, de professionnels du secteur et de clients satisfaits qui ont connu des projets similaires. Fournir une analyse concurrentielle complète montrant les avantages uniques et les facteurs de différenciation du projet d'hôtel sera également essentiel pour convaincre les investisseurs de son succès potentiel. Il est impératif de dégager de la confiance et de la passion tout au long de la présentation, en montrant que l'on croit vraiment à la viabilité et au potentiel du projet. Une présentation solide et bien répétée qui transmet efficacement le potentiel financier, la demande du marché, les avantages uniques et la compétence en matière de gestion du projet d'hôtel augmentera considérablement les chances d'obtenir un financement de la part d'investisseurs potentiels. Lors de la promotion de ton hôtel rural, plusieurs étapes clés peuvent t'aider à créer une stratégie marketing réussie. Avant tout, il est essentiel d'établir ton public cible. Comprendre qui sont tes clients potentiels et quels sont leurs besoins et préférences te permettra d'adapter tes efforts de marketing en conséquence. Par exemple, si ton hôtel est situé dans un cadre rural pittoresque, cibler les amoureux de la nature et des activités de plein air serait un bon choix. En revanche, si ton hôtel offre un cadre paisible et tranquille, il serait plus approprié de cibler les personnes à la recherche d'une escapade relaxante. Une fois que tu as identifié ton public cible, tu peux te concentrer sur les canaux de marketing les plus efficaces pour les atteindre. Il peut s'agir de plateformes en ligne telles que les médias sociaux, l'optimisation des moteurs de recherche (SEO) et les agences de voyage en ligne (OTA). Établir une forte présence en ligne est crucial, car de nombreux voyageurs s'appuient désormais fortement sur Internet pour planifier leurs voyages. Créer un contenu engageant et visuellement attrayant sur les plateformes de médias sociaux telles qu'Instagram et Facebook peut aider à mettre en valeur les caractéristiques et les expériences uniques que ton hôtel rural a à offrir. S'assurer que ton site Web est adapté aux mobiles et optimisé pour les moteurs de recherche améliorera sa visibilité et attirera plus de trafic organique. Collaborer avec des influenceurs et des blogueurs locaux peut également être un moyen rentable d'atteindre un public plus large et de gagner en crédibilité au sein de la communauté des voyageurs. Maximiser l'utilisation des OTA peut aider à augmenter la visibilité de ton hôtel et permettre aux clients potentiels de réserver facilement. Il est important de gérer soigneusement ta présence sur les OTA, car les commissions peuvent affecter ta rentabilité de manière significative. Développer une image de marque forte et cohérente est un autre aspect clé de la promotion de ton hôtel rural. Ta marque doit communiquer efficacement les expériences uniques et la proposition de valeur que ton hôtel offre. Cela peut se faire par le biais de ton logo, de la conception de ton site Web, de ton matériel de marketing et même de la façon dont ton personnel interagit avec les clients. Cultiver des relations positives avec tes clients est également crucial pour le succès de ton hôtel rural. Offrir un service à la clientèle et des expériences exceptionnelles aux clients permettra non seulement d'obtenir des critiques positives et des recommandations de bouche à oreille, mais aussi de fidéliser les clients. Il est important de faire un effort supplémentaire pour dépasser les attentes de tes clients et personnaliser leur expérience. Il peut s'agir de proposer des forfaits personnalisés qui organisent des événements ou des activités uniques, ou de fournir des conseils et des recommandations sur les attractions locales et les joyaux cachés. Exploiter les commentaires positifs des clients et les témoignages peut également être un outil puissant pour attirer de nouveaux clients. Présenter ces avis sur ton site Internet, tes plateformes de médias sociaux et les OTA peut contribuer à renforcer la confiance et la crédibilité des clients potentiels. Une autre stratégie promotionnelle efficace consiste à s'engager auprès de la communauté locale et à exploiter les réseaux touristiques locaux. L'établissement de partenariats avec des entreprises locales, telles que des restaurants, des voyagistes et des attractions, peut créer des avantages mutuels et contribuer à attirer plus de visiteurs dans ton hôtel rural. Participer à des événements et festivals locaux peut également être l'occasion de présenter ton hôtel à un public plus large. Offrir des réductions ou des forfaits spéciaux aux résidents locaux peut aider à générer des clients réguliers et un bouche à oreille positif au sein de la communauté. Il est important de surveiller et d'évaluer continuellement l'efficacité de tes efforts de marketing. L'utilisation d'outils tels que Google Analytics et Social Media Insights peut fournir des données précieuses sur le trafic de ton site Web, les taux de conversion et les niveaux d'engagement. Cela te permettra d'identifier les tendances, de prendre des décisions éclairées et d'ajuster ta stratégie marketing en conséquence. La promotion de ton hôtel rural nécessite une approche globale et ciblée. En comprenant ton public cible, en utilisant des canaux de marketing efficaces, en développant une image de marque forte, en cultivant des relations positives avec les clients, en t'engageant auprès de la communauté locale et en surveillant tes efforts de marketing, tu peux créer une stratégie de marketing réussie qui entraînera des réservations et assurera le succès à long terme de ton hôtel rural.

VII. CONSIDÉRATIONS JURIDIQUES ET RÉGLEMENTAIRES

Lorsqu'il s'agit d'ouvrir un hôtel rural, il y a plusieurs considérations légales et réglementaires à prendre en compte. Tout d'abord, il est important de s'assurer que tu disposes de toutes les licences et autorisations nécessaires pour gérer un hôtel dans l'endroit que tu as choisi. Il peut s'agir d'un permis d'exploitation, de permis de santé et de sécurité, de permis de vente d'alcool et de permis pour toute activité ou service extérieur que tu prévois d'offrir. Il est essentiel de se renseigner sur toutes les réglementations locales et nationales et de s'y conformer, car le non-respect de ces règles peut entraîner des amendes importantes, voire la fermeture de l'établissement. Il est important de connaître et de respecter toutes les lois et réglementations du travail. Il s'agit notamment d'offrir un salaire et des avantages équitables à tes employés, de respecter les heures et les conditions de travail maximales et de garantir un environnement de travail sûr et sain. Familiarise-toi avec les lois du travail spécifiques à l'industrie hôtelière, comme les pourboires, les heures supplémentaires et les règles relatives aux congés. En restant informé et en respectant ces règles, tu peux éviter d'éventuels litiges juridiques et maintenir un environnement de travail positif pour ton personnel. Une autre considération clé est d'assurer la conformité avec les réglementations environnementales. Les zones rurales ont souvent des réglementations plus strictes en matière d'utilisation des terres, de conservation de l'eau, de gestion des déchets et de consommation d'énergie. Il est essentiel d'obtenir les permis nécessaires et de respecter les réglementations afin de minimiser l'impact de ton hôtel sur l'environnement. Il peut s'agir de mettre en place des pratiques durables telles que des programmes de recyclage, un éclairage économe en énergie, des mesures d'économie d'eau et l'utilisation de produits de nettoyage respectueux de l'environnement. En investissant dans des pratiques respectueuses de l'environnement, tu contribues non seulement à la conservation de l'écosystème local, mais tu attires aussi le nombre croissant de voyageurs soucieux de l'environnement. Une connaissance approfondie des lois et réglementations fiscales est essentielle. En tant que propriétaire d'hôtel, tu seras responsable de diverses taxes, telles que l'impôt sur le revenu, la taxe de vente et la taxe d'occupation. Il est important que tu consultes un fiscaliste expérimenté pour t'assurer que tu es au courant de toutes les obligations fiscales et que tu tiens des registres précis pour t'acquitter de tes obligations fiscales. Le non-respect des lois fiscales peut entraîner de graves pénalités et des conséquences juridiques pour ton entreprise. L'assurance est un autre élément essentiel à prendre en compte lors de la création d'un hôtel rural. Il est essentiel d'avoir une couverture d'assurance complète pour te protéger, ainsi que tes employés et tes clients. Il peut s'agir d'une assurance des biens pour couvrir les dommages ou les pertes causés par des catastrophes naturelles, des vols ou des accidents, ainsi que d'une assurance responsabilité civile pour te protéger contre les réclamations pour dommages corporels ou matériels. Il est conseillé de travailler avec un agent d'assurance expérimenté dans le secteur de l'hôtellerie et de la restauration pour déterminer la couverture appropriée à tes besoins spécifiques. En plus des considérations légales et réglementaires, il est important de prendre en compte les responsabilités éthiques et sociales. En tant que propriétaire d'un hôtel rural, tu as la possibilité d'influencer positivement la communauté locale et de contribuer au développement durable. Envisage de t'approvisionner en produits et services locaux, de soutenir les entreprises locales et de participer à des initiatives communautaires. Ce faisant, tu peux favoriser des relations positives avec la communauté locale, te forger une solide réputation et améliorer l'expérience globale des clients. Lors de la création d'un hôtel rural, tu dois être très conscient des exigences légales et réglementaires. Obtenir les licences et les permis nécessaires, respecter le droit du travail, mettre en œuvre des pratiques durables, comprendre les obligations fiscales, disposer d'une couverture d'assurance complète et assumer des responsabilités éthiques et sociales sont des étapes essentielles pour assurer le succès et la longévité de ton hôtel rural. En prenant le temps de comprendre et de respecter ces considérations, tu peux créer une entreprise juridiquement, éthiquement et financièrement viable qui contribue positivement à la communauté locale et offre une expérience exceptionnelle aux clients.

EXIGENCES LÉGALES ET RÉGLEMENTAIRES POUR UN HÔTEL RURAL

Comprendre les exigences légales et réglementaires est d'une importance capitale pour l'exploitation d'un hôtel rural. En effet, les hôtels, en particulier ceux situés en zone rurale, doivent se conformer à des lois et règlements spécifiques pour assurer la sécurité et le bien-être de leurs clients et de leur personnel, ainsi que pour protéger l'environnement et maintenir la durabilité de la communauté environnante. L'un des principaux aspects à prendre en compte est l'octroi de licences et de permis. Avant d'ouvrir un hôtel rural, il est crucial d'obtenir les licences et permis nécessaires auprès des autorités locales. Il peut s'agir de permis liés à la construction de bâtiments, à la sécurité incendie, à la manipulation des aliments, au service de boissons alcoolisées et aux réglementations en matière de santé et de sécurité. Le non-respect de ces exigences peut entraîner des amendes substantielles, des ordres de fermeture ou des conséquences juridiques encore plus graves. Le non-respect des normes réglementaires peut entraîner une publicité négative, une atteinte à la réputation et une perte de confiance de la part des clients. Il est essentiel de comprendre les règlements de zonage locaux pour choisir l'emplacement d'un hôtel rural. Les lois sur le zonage dictent l'utilisation appropriée des terres pour des zones particulières et il est important de s'assurer que le site choisi est zoné pour l'exploitation d'un hôtel. S'écarter de ces règles peut entraîner des batailles juridiques, des amendes coûteuses ou la fermeture de l'hôtel. Un autre aspect à prendre en compte est l'accessibilité et l'accueil des clients handicapés. Les lois telles que l'Americans with Disabilities Act (ADA) exigent que les hôtels fournissent des installations et des services accessibles aux personnes handicapées. Cela comprend les rampes d'accès pour les fauteuils roulants, les chambres et les salles de bain accessibles, ainsi que d'autres aménagements visant à garantir l'égalité d'accès. Le non-respect de ces réglementations expose non seulement l'hôtel au risque de poursuites judiciaires, mais limite également la clientèle potentielle et peut nuire à la réputation de l'hôtel. Les réglementations environnementales sont une considération importante pour les hôtels ruraux. De nombreuses zones rurales sont écologiquement sensibles et protégées pour leur flore et leur faune ou leurs écosystèmes uniques. Les hôtels opérant dans ces zones doivent donc se conformer aux réglementations environnementales locales afin de minimiser leur impact sur l'environnement. Cela peut inclure des pratiques de gestion des déchets, des initiatives d'efficacité énergétique et une utilisation responsable de l'eau. Le non-respect de ces réglementations peut entraîner de lourdes amendes, ainsi que des dommages à l'écosystème et à la communauté locale. Comprendre les lois et réglementations du travail est crucial pour le bon fonctionnement d'un hôtel rural. Les lois concernant le salaire minimum, les heures de travail, le paiement des heures supplémentaires et les avantages sociaux varient d'un pays à l'autre et même au sein d'une même région. Se conformer à ces lois n'est pas seulement une obligation légale, mais garantit également un traitement équitable des employés et contribue à un environnement de travail positif. Comprendre le droit du travail peut aider à éviter des litiges juridiques coûteux et à favoriser un lieu de travail productif et harmonieux. Comprendre les exigences légales et réglementaires est une étape cruciale dans le bon fonctionnement d'un hôtel rural. De l'obtention des permis et licences nécessaires au respect des règles de zonage et d'accessibilité, le respect de ces exigences protège la réputation de l'hôtel, assure la sécurité des clients et du personnel, et contribue à la durabilité de la communauté et de l'environnement qui l'entoure. Comprendre le droit du travail permet de créer un lieu de travail équitable et productif. Il est essentiel pour toute personne aspirant à ouvrir un hôtel rural de faire des recherches approfondies et de comprendre le cadre juridique et réglementaire de l'endroit qu'elle a choisi, afin de garantir un démarrage en douceur et un succès à long terme.

LES PERMIS ET LICENCES NÉCESSAIRES ET LE RESPECT DES NORMES DE SANTÉ ET DE SÉCURITÉ

Un aspect crucial de la création d'un hôtel rural réussi est l'obtention des permis et licences nécessaires et le respect des normes de santé et de sécurité. Ces exigences légales varient souvent d'un endroit à l'autre et peuvent être longues et complexes. L'un des principaux permis que le propriétaire d'un hôtel rural doit obtenir est le permis de construire. Ce permis garantit que l'hôtel est construit conformément aux codes et règlements locaux en matière de construction. Ces codes portent généralement sur l'intégrité structurelle, la sécurité incendie et l'accessibilité pour les personnes handicapées. Le propriétaire d'un hôtel peut avoir besoin d'obtenir un permis d'occupation qui certifie que le bâtiment est sûr et adapté pour que les clients puissent y séjourner. Ce permis garantit que l'hôtel répond à certaines normes de santé et de sécurité et qu'il peut légalement fonctionner en tant qu'établissement d'hébergement. Pour pouvoir servir de la nourriture et des boissons aux clients, il faut obtenir une licence de restauration. Ce permis garantit que la cuisine de l'hôtel répond aux normes d'hygiène et de salubrité requises pour prévenir les maladies d'origine alimentaire. Une licence d'alcool peut être nécessaire si l'hôtel a l'intention de vendre des boissons alcoolisées. Cette licence est délivrée par l'État ou le gouvernement local et s'accompagne de réglementations spécifiques sur la vente et le service d'alcool. Le respect des réglementations en matière de santé et de sécurité est de la plus haute importance dans le secteur hôtelier. Un hôtel rural doit se conformer à un certain nombre de normes de santé et de sécurité pour assurer le bien-être de ses clients et de ses employés. Ces normes comprennent des directives sur la sécurité incendie, les procédures d'évacuation d'urgence et l'entretien général et la propreté de l'établissement. Il est vital que l'hôtelier donne la priorité à la mise en œuvre de ces normes et forme régulièrement son personnel afin d'éviter tout accident ou danger. L'établissement d'un plan complet de santé et de sécurité, la réalisation d'inspections régulières et la tenue des registres nécessaires sont des étapes cruciales pour parvenir à la conformité. En plus des permis et des licences, les hôtels sont souvent tenus de se conformer à des règlements de zonage spécifiques. Ces règlements dictent les types d'activités qui peuvent avoir lieu sur une propriété particulière et évitent les problèmes potentiels avec la communauté locale. Par exemple, des restrictions sonores peuvent s'appliquer pour s'assurer que les activités de l'hôtel ne perturbent pas la tranquillité de la zone environnante. Il est important que les propriétaires d'hôtels fassent des recherches approfondies et comprennent les règlements de zonage de l'endroit qu'ils ont choisi afin de s'assurer que leurs activités hôtelières sont conformes. Le non-respect des permis, licences et règlements peut avoir de graves conséquences pour un hôtel rural. En plus d'éventuelles amendes et pénalités, le fait d'opérer sans les permis et licences nécessaires peut entraîner la fermeture de l'établissement ou des poursuites judiciaires. Le non-respect des normes de santé et de sécurité peut entraîner des critiques négatives et une atteinte à la réputation, ce qui affecte la capacité de l'hôtel à attirer des clients. Il est crucial que les propriétaires d'hôtels allouent suffisamment de temps et de ressources pour garantir le respect de toutes les exigences légales. Travailler en étroite collaboration avec les agences gouvernementales locales, faire appel à un conseiller juridique et demander des conseils professionnels peut aider grandement à naviguer dans le processus complexe d'obtention de permis et de licences. Il est essentiel de se tenir au courant de tout changement ou modification de la réglementation pour maintenir la conformité dans un paysage juridique en constante évolution. L'obtention des permis et licences nécessaires et le respect des règles de santé et de sécurité sont des étapes essentielles dans la création d'un hôtel rural. Ces exigences légales permettent à l'hôtelier de fonctionner en toute légalité, d'assurer la sécurité et le bien-être des clients et du personnel, et de se forger une réputation positive au sein de la communauté. En consacrant le temps et les ressources nécessaires au respect de ces obligations, un hôtel rural peut surmonter toutes les difficultés et se positionner comme un fournisseur d'hébergement responsable et digne de confiance dans le secteur du tourisme rural.

CONSULTER DES EXPERTS JURIDIQUES POUR NAVIGUER EFFICACEMENT DANS LE PAYSAGE JURIDIQUE

Il est essentiel de consulter des experts juridiques pour naviguer efficacement dans le paysage juridique lors de l'ouverture d'un hôtel rural. Comme les zones rurales ont souvent leur propre ensemble de règlements et de lois de zonage, les conseils d'un expert sont cruciaux pour assurer la conformité et éviter toute complication juridique. L'une des premières étapes du processus devrait être de demander des conseils juridiques sur les différents permis et licences nécessaires pour exploiter un hôtel dans une zone rurale. Un expert juridique peut fournir des informations détaillées sur les permis spécifiques requis, tels que les permis de construire, les licences d'alcool et les certifications du département de la santé. En consultant un professionnel du droit, les propriétaires d'hôtels peuvent s'assurer qu'ils sont au courant de toutes les exigences nécessaires et peuvent aller de l'avant en toute confiance. Les experts juridiques peuvent aider à naviguer dans des lois de zonage complexes, qui peuvent différer de celles des zones urbaines. Il est essentiel de comprendre les règlements de zonage pour choisir l'emplacement d'un hôtel rural, car certaines zones peuvent interdire certains types d'entreprises ou avoir des restrictions sur la taille et la conception des bâtiments. Un expert juridique peut examiner les lois sur le zonage et aider les propriétaires d'hôtels à identifier des emplacements appropriés qui respectent les réglementations. Ils peuvent également fournir des conseils sur le processus d'obtention des dérogations ou exemptions nécessaires si l'emplacement choisi n'est pas entièrement conforme aux exigences de zonage. Les experts juridiques peuvent aider à examiner et à négocier les contrats avec les fournisseurs, les entrepreneurs et les employés. Une compréhension approfondie des accords contractuels est cruciale pour protéger les intérêts de l'hôtelier et assurer la conformité avec les lois pertinentes sur le travail et l'emploi. Les professionnels du droit peuvent fournir des conseils sur la rédaction et l'examen des contrats, en veillant à ce qu'ils soient équitables, applicables et qu'ils répondent à toutes les exigences légales. Ils peuvent également aider à naviguer dans les litiges ou les problèmes potentiels qui peuvent survenir au cours de l'exploitation de l'hôtel, en protégeant les droits légaux du propriétaire et en minimisant les risques. Les professionnels du droit peuvent fournir des conseils précieux sur les droits de propriété intellectuelle et la protection de la marque de l'hôtel. La violation de la propriété intellectuelle peut être un problème grave et il est essentiel que les propriétaires d'hôtels protègent leurs marques, logos et autres actifs de propriété intellectuelle. Les experts juridiques peuvent guider les propriétaires tout au long du processus d'enregistrement des marques et les conseiller sur les stratégies à adopter pour faire respecter et défendre les droits de propriété intellectuelle. En consultant des professionnels du droit, les propriétaires d'hôtels peuvent naviguer efficacement dans le paysage juridique et atténuer les risques. Il est important de choisir des experts juridiques qui ont de l'expérience dans l'industrie hôtelière et le développement immobilier rural. Ces professionnels auront une compréhension approfondie des défis et des réglementations spécifiques qui s'appliquent aux hôtels ruraux. Ils connaîtront les lois locales, les processus d'autorisation et les règlements de zonage, ce qui leur permettra de fournir des conseils et un soutien sur mesure. Les propriétaires d'hôtels devraient envisager de faire appel à des experts juridiques dès le début du processus afin de garantir la conformité dès le départ et d'éviter des problèmes juridiques coûteux à l'avenir. Il est également conseillé d'établir une relation continue avec les professionnels du droit pour répondre à tout besoin juridique futur qui pourrait survenir. Ce faisant, les propriétaires d'hôtels peuvent dormir sur leurs deux oreilles en sachant qu'ils ont accès à des conseillers de confiance qui peuvent leur fournir des conseils juridiques précis et actualisés tout au long de la vie de leur entreprise. Il est essentiel de consulter des experts juridiques pour naviguer efficacement dans le paysage juridique lors de l'ouverture d'un hôtel rural. Ces professionnels peuvent donner des conseils sur les permis et les licences, les règlements de zonage, les contrats, les droits de propriété intellectuelle et d'autres considérations juridiques. En recherchant les conseils d'un expert, les propriétaires d'hôtels peuvent assurer la conformité, protéger leurs droits légaux et minimiser les risques, ce qui leur permet de se concentrer sur la création d'un hôtel rural réussi et prospère. Pour créer un hôtel rural prospère, il y a plusieurs étapes importantes à prendre en compte. Tout d'abord, le choix du bon emplacement est crucial. Une zone rurale offre une expérience unique aux clients qui cherchent à échapper à l'agitation de la vie urbaine. Il est important de choisir un endroit facilement accessible, avec des commodités et des attractions à proximité. Réaliser une étude de marché approfondie permettra d'identifier les zones où il existe une demande pour un hôtel rural et où la concurrence est minime. Il est essentiel de tenir compte du marché cible lors du choix de l'emplacement. Par exemple, si l'hôtel s'adresse aux passionnés de nature, un emplacement près d'un parc national ou de sentiers de randonnée serait idéal. Une fois l'emplacement choisi, l'étape suivante consiste à créer un plan d'affaires et à obtenir un financement. Il s'agit de déterminer le marché cible de l'hôtel, de fixer des buts et des objectifs clairs et d'identifier le budget nécessaire pour les frais de démarrage et les dépenses courantes. La recherche d'un soutien financier auprès d'investisseurs ou l'obtention d'un prêt auprès d'une banque sont des approches courantes pour réunir les fonds nécessaires. Une fois l'aspect financier résolu, il faut mettre en place l'infrastructure physique de l'hôtel. Cela implique d'acheter ou de louer une propriété, de rénover les bâtiments existants ou d'en construire de nouveaux. S'aligner sur le thème ou l'ambiance souhaités est essentiel pour créer une expérience mémorable pour les clients. Il faut veiller à ce que la conception et le décor de l'hôtel reflètent l'atmosphère rustique et tranquille de l'emplacement rural. Intégrer des pratiques écologiques dès le départ peut attirer des clients soucieux de l'environnement et contribuer à la durabilité de l'hôtel. L'embauche d'un personnel qualifié est l'étape suivante de la création d'un hôtel rural. Il est important de sélectionner des personnes qui ont non seulement des connaissances et de l'expérience dans le secteur de l'hôtellerie, mais qui incarnent également la mission et les valeurs de l'hôtel. Les employés doivent être formés pour offrir un service à la clientèle exceptionnel, car cela peut grandement influencer la satisfaction des clients et mener à des critiques positives et à une clientèle fidèle. Développer des partenariats avec des entreprises et des fournisseurs locaux peut favoriser un sentiment d'appartenance à la communauté et soutenir l'économie locale. Collaborer avec les restaurants, les voyagistes ou les artisans des environs peut améliorer l'expérience globale des clients et créer des opportunités de promotion croisée. Une fois que l'hôtel est entièrement opérationnel, un marketing efficace est vital pour attirer les clients. L'utilisation de diverses stratégies de marketing, telles que les plateformes en ligne, les médias sociaux et la publicité ciblée, peut aider à atteindre un public plus large. La création d'un site Web visuellement attrayant avec des fonctionnalités conviviales est cruciale à l'ère numérique d'aujourd'hui. Fournir des informations détaillées sur les offres uniques de l'hôtel, les attractions à proximité et les témoignages de clients satisfaits peut aider à instaurer la confiance et à inciter les clients potentiels à choisir l'hôtel rural plutôt que la concurrence. S'engager avec les clients sur les plateformes de médias sociaux telles que Facebook et Instagram peut également créer un sentiment de communauté et permettre une communication directe. Collaborer avec des influenceurs ou des blogueurs de voyage peut encore accroître la visibilité et la portée de l'hôtel. Tirer parti de partenariats avec des offices de tourisme locaux ou des agences de voyage peut ouvrir des possibilités d'initiatives marketing conjointes et de visibilité accrue dans les publications de voyage pertinentes. La mise en œuvre d'une stratégie complète de gestion des commentaires est cruciale à l'ère actuelle des commentaires en ligne. Répondre rapidement aux commentaires des clients, qu'ils soient positifs ou négatifs, peut démontrer l'engagement d'un hôtel à satisfaire les clients et aider à générer de la bonne volonté. Surveiller régulièrement les avis en ligne sur diverses plateformes et y répondre est essentiel pour maintenir une réputation positive. S'efforcer continuellement de s'améliorer est la clé pour créer un hôtel rural. Recueillir régulièrement les commentaires des clients par le biais d'enquêtes ou de cartes de commentaires peut fournir des informations précieuses sur les domaines à améliorer et identifier les points forts. Investir du temps et des ressources pour répondre à tout commentaire ou préoccupation peut faire en sorte que les clients se sentent valorisés et contribuer à leur satisfaction générale. Se tenir au courant des tendances et des innovations du secteur peut aider l'hôtel à rester compétitif et pertinent sur un marché en constante évolution. L'adoption de nouvelles technologies, la mise en œuvre de pratiques durables et l'offre d'expériences uniques peuvent différencier l'hôtel rural de ses concurrents et attirer une clientèle fidèle. En suivant ces directives étape par étape et en offrant constamment des expériences exceptionnelles aux clients, n'importe qui peut réaliser son rêve de posséder un hôtel rural.

VIII. CONCEPTION ET CONSTRUCTION DE L'HÔTEL

La phase de conception et de construction de l'ouverture d'un hôtel rural est une étape fondamentale dans la réalisation du rêve. Au cours de cette phase, il convient d'accorder une attention particulière à plusieurs aspects, tels que l'esthétique générale, l'aménagement et la fonctionnalité de l'hôtel. Un hôtel bien conçu attirera non seulement les clients, mais créera également une expérience de séjour confortable et mémorable. La première considération lors de la conception de l'hôtel est l'esthétique générale. L'esthétique choisie doit correspondre à l'aspect et à l'ambiance souhaités pour l'hôtel rural. Par exemple, si l'hôtel est destiné à offrir une atmosphère rustique et chaleureuse, des matériaux naturels tels que le bois et la pierre peuvent être incorporés dans la conception du bâtiment. En revanche, si l'on souhaite un aspect plus moderne et contemporain, on peut utiliser des lignes épurées et des éléments minimalistes. L'esthétique doit être cohérente dans tout l'hôtel, de la façade extérieure au décor intérieur, afin d'assurer une expérience visuelle homogène pour les clients. Un autre aspect important de la phase de conception est l'agencement de l'hôtel. L'aménagement doit être soigneusement planifié pour optimiser l'utilisation de l'espace disponible et assurer le confort des clients. Il est essentiel de prendre en compte le nombre et la taille des chambres, des espaces publics et des services. Les chambres doivent être spacieuses et bien équipées, avec un mobilier confortable, une salle de bain privée et les équipements nécessaires tels que la climatisation, le Wi-Fi et la télévision. Les espaces publics, tels que le hall d'entrée, les salles à manger et les salons, doivent être conçus pour accueillir le nombre prévu de clients, en favorisant une atmosphère accueillante et sociale. Il faut également envisager d'inclure des équipements tels qu'une piscine, un spa ou un centre de remise en forme, en fonction du marché cible et du niveau de luxe souhaité. La fonctionnalité est un autre aspect clé de la phase de conception et de construction. Chaque zone de l'hôtel doit être conçue et construite en tenant compte de la fonctionnalité, afin d'assurer un fonctionnement harmonieux et un service efficace aux clients. Des considérations pratiques telles qu'une ventilation, un éclairage et une acoustique adéquats doivent être prises en compte pour créer un environnement confortable et fonctionnel. La priorité doit également être donnée à l'accessibilité, en veillant à ce que toutes les zones de l'hôtel soient facilement accessibles aux clients handicapés. L'espace de stockage pour les fournitures, le linge et l'équipement de l'hôtel doit être pris en compte afin de maintenir un fonctionnement ordonné et organisé. Intégrer des pratiques de conception durable est de plus en plus vital dans le monde actuel soucieux de l'environnement. La phase de conception et de construction offre la possibilité de mettre en place des éléments écologiques dans l'hôtel. Par exemple, l'utilisation d'appareils d'éclairage économes en énergie, l'installation de panneaux solaires pour le chauffage ou l'électricité et l'incorporation de technologies permettant d'économiser l'eau sont des moyens de réduire l'empreinte écologique de l'hôtel. L'utilisation de matériaux et de produits d'origine locale peut soutenir l'économie locale et réduire l'empreinte carbone associée au transport. En plus des aspects physiques, il faut également prêter attention à la conception de l'image de marque et du matériel de marketing de l'hôtel. Le logo, le site Internet et le matériel promotionnel de l'hôtel doivent refléter l'esthétique choisie et plaire au marché cible. La cohérence des éléments de conception sur l'ensemble du matériel de marque est essentielle pour établir une identité de marque forte et reconnaissable. Ces éléments de conception doivent également évoquer la réponse émotionnelle souhaitée de la part des clients potentiels, les incitant à choisir l'hôtel pour leur escapade rurale. La phase de conception et de construction de l'ouverture d'un hôtel rural est une étape cruciale qui jette les bases d'une entreprise prospère. En examinant attentivement l'esthétique générale, l'agencement, la fonctionnalité, la durabilité et l'image de marque, les hôteliers peuvent créer une expérience unique et mémorable pour les clients, tout en soutenant l'économie locale et en minimisant l'impact de l'hôtel sur l'environnement. Grâce à une planification minutieuse et à l'attention portée aux détails, l'hôtel conçu et construit laissera une impression durable aux clients et constituera une base solide pour le succès à long terme de l'hôtel.

CONCEVOIR L'AGENCEMENT PHYSIQUE DE L'HÔTEL RURAL

L'aménagement physique d'un hôtel rural joue un rôle crucial dans la création d'une expérience positive et mémorable pour les clients. Ce processus implique plusieurs étapes et considérations clés. Tout d'abord, il est important de commencer par évaluer soigneusement l'espace disponible et le terrain du site choisi. Cela permettra de déterminer le positionnement optimal des bâtiments et des services de l'hôtel. Des relevés topographiques et des évaluations du terrain peuvent être effectués pour mieux comprendre les caractéristiques de la zone et les défis potentiels. L'étape suivante consiste à concevoir le style architectural et l'esthétique générale de l'hôtel. Le cadre rural doit être adopté et reflété dans la conception pour créer un mélange harmonieux avec l'environnement naturel. Des éléments tels que des caractéristiques architecturales traditionnelles ou rustiques, des matériaux locaux et des aménagements paysagers indigènes peuvent contribuer à créer une atmosphère authentique et attrayante. Une fois les aspects architecturaux définis, l'attention peut se porter sur l'aménagement intérieur de l'hôtel. Il convient d'adopter une approche fonctionnelle et efficace, en tenant compte de la capacité d'accueil souhaitée, des commodités et des services offerts. Il convient d'étudier attentivement l'emplacement et la circulation des espaces communs, des chambres d'hôtes et des zones de service afin d'optimiser le confort et l'accessibilité. Il est important de veiller à ce que les espaces soient de taille adéquate, bien éclairés et ventilés. Des facteurs tels que l'intimité, le contrôle du bruit et la sécurité doivent être pris en compte lors de la détermination de l'agencement des chambres et des zones publiques. L'étape suivante du processus consiste à concevoir les espaces extérieurs qui entourent l'hôtel. La création d'espaces extérieurs attrayants et accueillants peut grandement améliorer l'expérience des clients. Cela peut inclure la conception de jardins, d'allées, de zones de sièges et d'espaces récréatifs. Lors de la planification de ces espaces, le paysage naturel doit être pris en compte, en mettant l'accent sur la préservation et l'amélioration de la beauté des environs. L'utilisation de pratiques de conception durables et respectueuses de l'environnement, telles que les systèmes de récupération des eaux de pluie et les plantations indigènes, doit également être intégrée dans les espaces extérieurs. Un autre aspect important de la conception de l'aménagement physique d'un hôtel rural est d'assurer l'accessibilité à tous les clients. Cela implique de se conformer aux réglementations et aux normes en matière d'accessibilité, en prévoyant par exemple des rampes d'accès, des ascenseurs et des places de parking accessibles. L'aménagement doit également donner la priorité aux besoins des personnes handicapées, notamment en prévoyant des itinéraires, des portes et des toilettes accessibles. La conception doit prendre en compte les besoins des différents groupes d'âge et s'adapter aux familles, aux personnes âgées et aux personnes ayant des problèmes de mobilité. Pour assurer une conception complète, il est conseillé de faire appel à l'expertise de professionnels tels que les architectes, les architectes paysagistes et les designers d'intérieur. Leur expertise peut aider à créer un aménagement physique cohérent et visuellement attrayant qui répond aux exigences fonctionnelles. Collaborer avec des professionnels peut également aider à identifier les problèmes potentiels et à trouver des solutions innovantes. Il est important de prendre en compte les réglementations locales et les codes de construction lors de la conception de l'aménagement physique d'un hôtel rural. Le respect de ces réglementations garantit la sécurité et la légalité, et peut inclure des aspects tels que la sécurité incendie, la stabilité structurelle et les normes environnementales. Un consultant expert peut guider le processus de conception pour répondre à ces exigences, tout en équilibrant la vision créative de l'hôtel. La conception de l'agencement physique d'un hôtel rural nécessite une planification minutieuse, une attention aux détails et la prise en compte de divers facteurs. De l'évaluation de l'espace disponible à la conception du style architectural, de l'aménagement intérieur, des espaces extérieurs et des caractéristiques d'accessibilité, chaque étape joue un rôle crucial dans la création d'un hôtel rural. Demander l'avis d'un professionnel et se conformer aux réglementations locales sont des éléments essentiels de ce processus. Un aménagement physique bien conçu contribuera à une expérience positive et mémorable pour les clients, ce qui aidera à concrétiser le rêve d'ouvrir un hôtel rural.

FACTEURS A PRENDRE EN CONSIDERATION: CONCEPTION ARCHITECTURALE, DECORATION INTERIEURE ET DEVELOPPEMENT DURABLE

La conception architecturale joue un rôle important pour attirer les clients et créer une expérience unique. Le design doit refléter l'environnement proche et se fondre harmonieusement dans le paysage rural. Que l'hôtel adopte un style architectural traditionnel ou moderne, il doit conserver un sentiment d'authenticité et d'harmonie avec la culture et le patrimoine locaux. La décoration intérieure est tout aussi importante, car elle donne l'ambiance et crée une atmosphère accueillante pour les clients. Le décor doit être cohérent avec le thème général de l'hôtel et évoquer un sentiment de confort et de détente. L'utilisation de matériaux d'origine locale et d'un savoir-faire traditionnel peut renforcer l'authenticité de la décoration intérieure, en établissant un lien entre l'hôtel et la communauté locale. La durabilité est un autre facteur essentiel à prendre en compte lors de l'ouverture d'un hôtel rural. Alors que la demande d'hébergements respectueux de l'environnement augmente, l'intégration de pratiques durables dans la conception et le fonctionnement de l'hôtel n'est pas seulement responsable sur le plan environnemental, mais aussi bénéfique sur le plan économique. L'utilisation de sources d'énergie renouvelables, telles que les panneaux solaires, le chauffage géothermique et les systèmes de récupération de l'eau de pluie, peut réduire considérablement l'empreinte carbone de l'hôtel. La mise en place d'appareils électroménagers économes en énergie, d'un éclairage LED et de systèmes de contrôle intelligents peut réduire la consommation d'énergie tout en offrant aux clients une expérience moderne et confortable. Pour promouvoir davantage la durabilité, l'hôtel peut encourager les clients à participer à des initiatives vertes telles que des programmes de recyclage ou proposer des vélos gratuits pour explorer les environs, réduisant ainsi la dépendance à la voiture. Outre la conception architecturale, la décoration intérieure et la durabilité, il y a également d'autres facteurs à prendre en compte lors de l'ouverture d'un hôtel rural. L'emplacement de l'hôtel est de la plus haute importance, car il détermine le marché cible et le potentiel de réussite. L'hôtel doit être bien situé, facilement accessible et entouré d'attractions naturelles et d'activités qui intéressent le marché cible. Par exemple, si l'hôtel s'adresse aux passionnés de nature, il doit être proche de sentiers de randonnée, de parcs nationaux ou de lacs. De même, si l'hôtel se concentre sur le tourisme culturel, il doit être situé près de sites historiques, de musées ou de villages traditionnels. L'infrastructure environnante est un élément essentiel à prendre en compte. Les clients attendent des services de base tels que l'accès à l'eau potable, à l'électricité et aux installations sanitaires. L'hôtel doit également disposer d'options de transport facilement accessibles et être situé à proximité d'épiceries, de restaurants et d'établissements médicaux pour assurer le confort des clients. Une connexion Internet fiable est cruciale pour le voyageur moderne qui s'appuie sur la technologie pour communiquer et se divertir. Disposer d'un solide réseau Wi-Fi améliorera l'expérience des clients et leur permettra de rester connectés pendant leur séjour. Un autre facteur important à prendre en compte est la taille et l'échelle de l'hôtel. Le nombre de chambres et d'installations doit être soigneusement déterminé en fonction de la demande du marché, du budget et de la vision globale de l'hôtel. Un hôtel de petite taille peut offrir une expérience plus intime et personnalisée, tandis qu'un hôtel de plus grande taille peut accueillir des groupes et des événements plus importants. L'équipe de gestion de l'hôtel doit également prendre en compte les besoins en personnel et s'assurer que les ressources sont suffisantes pour offrir un excellent service aux clients. Les efforts de promotion et de marketing sont essentiels à la réussite d'un hôtel rural. Tirer parti des plateformes numériques et des médias sociaux peut considérablement augmenter l'exposition de l'hôtel et toucher un public plus large. Un site Web bien conçu qui présente les caractéristiques uniques de l'hôtel, ses services et les attractions locales est essentiel pour attirer les clients potentiels. L'utilisation de techniques d'optimisation des moteurs de recherche peut améliorer la visibilité de l'hôtel dans les résultats de recherche, ce qui se traduit par une augmentation du trafic et des réservations. Collaborer avec les offices de tourisme locaux, les agences de voyage et les influenceurs peut également aider à promouvoir l'hôtel auprès d'un public cible. Proposer des forfaits et des expériences uniques, comme des visites guidées, des ateliers ou des dîners de la ferme à la table, peut attirer des clients à la recherche d'expériences authentiques et mémorables. Pour ouvrir un hôtel rural réussi, plusieurs facteurs doivent être soigneusement pris en compte. La conception architecturale doit refléter le milieu environnant et maintenir un sentiment d'authenticité. La décoration intérieure doit créer une atmosphère accueillante en utilisant des matériaux locaux et un savoir-faire traditionnel. La durabilité doit être privilégiée, en incorporant des sources d'énergie renouvelables, des appareils économes en énergie et des initiatives écologiques. L'emplacement, les infrastructures environnantes, l'échelle de l'hôtel et les stratégies promotionnelles doivent être pris en compte pour attirer le marché cible et assurer le succès à long terme de l'hôtel. En abordant soigneusement ces facteurs, les hôteliers peuvent créer un hôtel rural unique et durable qui offre une expérience inoubliable aux clients.

CONSEILS POUR TRAVAILLER AVEC LES ARCHITECTES, LES ENTREPRENEURS ET LES CONCEPTEURS AFIN DE CONCRÉTISER TA VISION

Une fois que tu as développé une vision claire pour ton hôtel rural, il est important de communiquer et de travailler efficacement avec les architectes, les entrepreneurs et les concepteurs pour donner vie à cette vision. L'un des premiers conseils pour travailler avec ces professionnels est de choisir ceux qui ont de l'expérience dans les projets ruraux. Cela permettra de s'assurer qu'ils connaissent bien les défis et les possibilités uniques qu'implique la création d'un hôtel en milieu rural. Il est également important de choisir des professionnels qui sont prêts à collaborer et à écouter ce que tu as à dire. Bien qu'ils soient des experts dans leurs domaines respectifs, c'est toi qui connais le mieux ta vision et tes objectifs. Trouver un équilibre entre la confiance en leur expertise et l'affirmation de ta propre créativité et de tes désirs est crucial pour un résultat réussi. Une communication claire est essentielle lorsque tu travailles avec des architectes, des entrepreneurs et des designers. Commence par leur fournir un dossier détaillé décrivant ta vision, tes objectifs et toutes tes exigences spécifiques. Ce dossier doit inclure des informations sur le style, le thème et l'ambiance que tu veux créer dans ton hôtel rural. Il doit également inclure les équipements ou les caractéristiques spécifiques que tu envisages pour la propriété. En présentant un briefing clair et détaillé, tu t'assureras que tout le monde est sur la même longueur d'onde dès le départ et tu éviteras les malentendus ou les déceptions à l'avenir. Une communication et une collaboration régulières sont également importantes tout au long du processus de conception et de construction. Planifie des réunions régulières pour faire le point sur l'avancement des travaux, répondre aux préoccupations ou aux questions et procéder aux ajustements nécessaires. Il est important d'établir une bonne relation de travail avec ces professionnels et de créer une ligne de communication ouverte et honnête. Encourage-les à te tenir régulièrement au courant de l'avancement du projet et sois proactif en sollicitant leurs commentaires et leurs conseils. Cela permettra de s'assurer que les problèmes ou les difficultés sont abordés rapidement, ce qui te fera gagner du temps et de l'argent à long terme. Lorsque tu travailles avec des architectes, il est important de trouver quelqu'un qui comprenne ta vision et qui puisse la traduire en un design fonctionnel. Cherche des architectes qui ont de l'expérience dans la conception d'hôtels et de projets d'accueil. Ils devraient être en mesure de créer un design qui maximise l'espace et la fonctionnalité tout en conservant l'esthétique souhaitée. Ils doivent connaître les codes de construction et les réglementations locales, afin de s'assurer que ton hôtel rural répond à toutes les exigences légales. Les entrepreneurs jouent un rôle crucial dans la réalisation de ta vision en construisant le bâtiment. Lors de la sélection d'un entrepreneur, il est important de tenir compte de son expérience, de sa réputation et de ses capacités. Recherche des entrepreneurs qui ont mené à bien des projets similaires dans le passé et qui ont de solides antécédents. Il est également important d'évaluer leur capacité à travailler dans le respect de ton budget et de ton calendrier.

Demande des références et prends le temps de visiter certains de leurs projets antérieurs pour constater de visu la qualité de leur travail. Assure-toi d'avoir un contrat clair et détaillé qui décrit l'étendue du travail, le calendrier du projet, les modalités de paiement et tout autre détail important. Les concepteurs sont responsables de la création de l'esthétique et de l'ambiance générales de ton hôtel rural. Lorsque tu choisis un concepteur, cherche quelqu'un qui a de l'expérience dans la conception d'hôtels ou de projets d'accueil similaires. Prends en compte son style et son approche de la conception pour t'assurer qu'ils correspondent à ta vision. Il est également important d'établir un budget et un calendrier pour le processus de conception et de les communiquer clairement au concepteur. Rencontre périodiquement le concepteur pour examiner ses progrès et lui faire part de tes commentaires. Encourage-les à explorer différentes options et sois ouvert à leurs idées et suggestions. N'oublie pas qu'ils sont les experts en matière de conception et qu'ils peuvent apporter une perspective nouvelle à ta vision. Travailler avec des architectes, des entrepreneurs et des concepteurs est une étape cruciale pour donner vie à ta vision d'un hôtel rural. Choisis des professionnels qui ont de l'expérience dans les projets ruraux et qui sont prêts à collaborer et à écouter tes suggestions. Communique clairement ta vision au moyen d'un dossier détaillé et maintiens une communication et une collaboration régulières tout au long du processus de conception et de construction. Lorsque tu travailles avec des architectes, des entrepreneurs et des designers, assure-toi qu'ils comprennent ta vision et qu'ils ont l'expérience et l'expertise nécessaires pour créer un espace fonctionnel et esthétiquement agréable. En suivant ces conseils, tu peux augmenter les chances de réussir à transformer ton rêve en réalité. Une étape cruciale dans la création d'un hôtel rural consiste à choisir l'emplacement parfait. L'emplacement de ton hôtel joue un rôle important pour attirer les clients et assurer le succès de ton entreprise. Lorsque tu choisis l'emplacement de ton hôtel rural, il y a plusieurs facteurs à prendre en compte. Tout d'abord, il est important de choisir une zone facilement accessible aux clients potentiels. Évalue les moyens de transport disponibles à proximité, tels que les autoroutes, les aéroports ou les gares, car cela déterminera la facilité avec laquelle les visiteurs pourront se rendre à ton hôtel. Prends en compte les attractions et les commodités environnantes. Un hôtel rural doit être situé à proximité d'attractions naturelles, de parcs nationaux, de sentiers de randonnée ou d'autres possibilités de loisirs en plein air. Ces caractéristiques attireront les touristes en quête d'aventure et offriront des possibilités d'activités qui peuvent améliorer l'expérience globale des clients. Il est important de tenir compte de la communauté locale et de son soutien au tourisme. Évalue l'infrastructure locale, la disponibilité des services publics et les possibilités de partenariat avec d'autres entreprises de la région. Collaborer avec la communauté locale et les organisations touristiques peut aider à construire un réseau et à attirer des visiteurs dans ton hôtel. Analyse la concurrence dans la région. Cherche les lacunes du marché ou les arguments de vente uniques que ton hôtel peut offrir pour se distinguer. Il peut s'agir de proposer une expérience de niche spécifique, comme l'écotourisme ou la restauration de la ferme à la table, ou d'offrir des commodités et des services que les autres hébergements ne proposent pas. En examinant attentivement tous ces facteurs, tu pourras choisir un emplacement qui offrira à ton hôtel rural les meilleures chances de réussite. Une fois que tu as choisi l'emplacement parfait pour ton hôtel rural, il est essentiel d'élaborer un plan de marketing et de promotion complet. Des stratégies de marketing efficaces jouent un rôle crucial pour attirer les clients et assurer la pérennité de ton entreprise. La première étape de la création d'un plan marketing réussi consiste à identifier ton marché cible. Qui sont les clients potentiels de ton hôtel rural - vises-tu les aventuriers, les passionnés de nature ou ceux qui recherchent une retraite tranquille à la campagne ? En définissant ton marché cible, tu peux adapter tes efforts de marketing pour atteindre le bon public. L'utilisation d'une variété de techniques publicitaires traditionnelles et de plateformes numériques est cruciale dans la société actuelle axée sur la technologie. Crée un site Web visuellement attrayant et convivial qui présente les caractéristiques et les offres uniques de ton hôtel rural. Applique les techniques d'optimisation des moteurs de recherche pour t'assurer que ton site Web est bien classé dans les résultats des moteurs de recherche. Utilise également les plateformes de médias sociaux pour dialoguer avec les clients potentiels, mettre en avant les attractions environnantes et promouvoir les offres spéciales ou les forfaits. Envisage d'établir des partenariats avec des organisations touristiques locales, des agences de voyage et des plateformes de réservation en ligne pour étendre ta portée et tirer parti des réseaux existants. Fournir un service à la clientèle exceptionnel est également essentiel pour générer des recommandations positives de bouche-à-oreille et des clients réguliers. Forme ton personnel à offrir des expériences personnalisées et encourage les clients à partager leurs expériences positives par le biais d'avis en ligne et des médias sociaux. Proposer des incitations, telles qu'un programme de fidélité ou des remises pour les recommandations, peut encourager davantage les clients à promouvoir ton hôtel. En élaborant un plan de marketing et de promotion complet, tu pourras atteindre efficacement ton marché cible et positionner ton hôtel rural sur la voie du succès. L'ouverture d'un hôtel rural nécessite de prendre soigneusement en compte plusieurs facteurs clés. Le choix de l'emplacement parfait est crucial, en tenant compte de l'accessibilité, des attractions environnantes, du soutien de la communauté locale et de la concurrence. Une fois l'emplacement obtenu, l'élaboration d'un plan de marketing et de promotion détaillé est essentielle pour attirer les clients et assurer la longévité de ton entreprise. En identifiant ton marché cible, en utilisant une variété de plateformes et de techniques publicitaires, et en offrant un service à la clientèle exceptionnel, tu seras en mesure de promouvoir efficacement ton hôtel rural et de transformer ton rêve en une réalité réussie.

IX. RECRUTEMENT ET FORMATION DU PERSONNEL

Le recrutement et la formation d'un personnel compétent sont essentiels à la réussite d'un hôtel rural. Une équipe bien formée et motivée est essentielle pour offrir un service exceptionnel aux clients. Le processus de recrutement doit être lancé bien avant la date d'ouverture de l'hôtel afin de laisser suffisamment de temps pour une présélection et une sélection approfondies. La publication des postes vacants dans les journaux locaux, les portails d'emploi et les plateformes de médias sociaux peut attirer l'attention des candidats potentiels. Pour attirer les candidats les plus qualifiés, il est important d'énoncer clairement les exigences du poste, les qualifications souhaitées et les responsabilités associées à chaque poste. Offrir des salaires et des avantages sociaux compétitifs peut contribuer à attirer les meilleurs talents. Une fois que les candidats ont été identifiés, il est essentiel de mener des entretiens pour évaluer leur adéquation aux rôles souhaités. Mener des entretiens structurés peut aider à assurer la cohérence du processus d'évaluation. Au cours de ces entretiens, il est crucial d'évaluer non seulement les qualifications et l'expérience des candidats, mais aussi leurs compétences interpersonnelles. Étant donné que l'industrie hôtelière est centrée sur le client, il est impératif d'embaucher des personnes ayant d'excellentes compétences en matière de communication et de résolution de problèmes. Après le processus de sélection, il est important de fournir une formation complète aux nouvelles recrues. Cette formation doit couvrir tous les aspects des opérations hôtelières, tels que le service aux clients, la gestion de la réception, l'entretien ménager, le service des aliments et des boissons et l'entretien. La formation peut se faire en interne ou par le biais de programmes de formation professionnelle. La formation en interne permet à la direction de personnaliser le programme de formation en fonction des besoins et des attentes spécifiques de l'hôtel. Elle offre également aux nouveaux employés la possibilité de se familiariser avec les politiques, les procédures et les attentes de l'hôtel. Les programmes de formation professionnelle, quant à eux, offrent un accès à l'expérience et aux meilleures pratiques du secteur. L'apprentissage par la pratique est une approche efficace de la formation du personnel. La formation sur le tas permet aux nouvelles recrues d'acquérir une expérience directe dans la gestion de diverses tâches au sein de l'hôtel. Le jumelage de nouveaux employés avec du personnel expérimenté peut faciliter le transfert des connaissances et le développement des compétences. Cette approche de mentorat permet aux nouveaux employés d'apprendre de l'expérience et des connaissances du personnel plus ancien. Le fait de fournir un retour d'information et de procéder à des évaluations régulières des performances peut aider à identifier les domaines à améliorer et offrir des possibilités de croissance. En plus de la formation initiale, le développement continu du personnel est essentiel pour s'assurer que les employés restent informés et au fait des dernières tendances et évolutions du secteur. La formation continue peut inclure des ateliers, des séminaires et des possibilités de formation polyvalente. Ces initiatives permettent non seulement d'améliorer les compétences des employés, mais aussi de favoriser leur épanouissement professionnel et leur satisfaction au travail. Investir dans le développement du personnel démontre l'engagement de l'hôtel envers ses employés et favorise un environnement de travail positif qui encourage la loyauté et la longévité. Un autre aspect important du recrutement et de la formation du personnel consiste à créer une culture de travail positive et inclusive. On peut y parvenir en encourageant une communication ouverte, en mettant l'accent sur le travail d'équipe et en reconnaissant et récompensant les réalisations des employés. Encourager les employés à faire part de leurs idées et de leurs opinions peut accroître leur sentiment d'appartenance et leur engagement envers la réussite de l'hôtel. Mettre l'accent sur le travail d'équipe peut favoriser un environnement de collaboration dans lequel les employés se soutiennent et s'entraident, ce qui se traduit en fin de compte par un meilleur service aux clients. Reconnaître et récompenser les réalisations des employés peut stimuler le moral et la motivation et encourager des performances élevées. Le recrutement et la formation du personnel sont des éléments essentiels de la création d'un hôtel rural. Une planification minutieuse, une sélection approfondie et une formation complète sont essentielles pour attirer et retenir des employés compétents qui peuvent offrir un service exceptionnel aux clients. Le développement continu du personnel et l'entretien d'une culture de travail positive sont essentiels pour maintenir la satisfaction des employés et favoriser un environnement de travail prospère. En donnant la priorité au recrutement et à la formation du personnel, les hôtels ruraux peuvent garantir un niveau de service élevé et, en fin de compte, se forger une réputation d'excellence auprès de leurs clients.

RECRUTEMENT ET FORMATION D'UN PERSONNEL QUALIFIÉ DANS LES HÔTELS RURAUX

L'un des facteurs clés de la réussite d'un hôtel rural est l'accent mis sur le recrutement et la formation d'un personnel qualifié. Les membres du personnel hôtelier sont le visage de l'établissement, car ils interagissent directement avec les clients et jouent un rôle essentiel dans la détermination de l'expérience globale des visiteurs. Dans un environnement rural, où l'hôtel peut être l'une des rares sources de services d'accueil dans la région, il est encore plus crucial de recruter et de former des personnes préparées à relever les défis et à répondre aux exigences de cet environnement spécifique. Avant tout, l'embauche d'un personnel qualifié permet à l'hôtel d'offrir un service à la clientèle de premier ordre à ses clients. Les visiteurs des hôtels ruraux ont souvent certaines attentes, telles qu'une expérience personnalisée et un niveau élevé d'attention aux détails. En sélectionnant soigneusement les membres du personnel ayant les compétences et les connaissances nécessaires, l'hôtel peut s'assurer que ces attentes sont satisfaites et même dépassées. Par exemple, l'embauche de personnes ayant de solides compétences en communication peut permettre au personnel de la réception de répondre efficacement à toutes les questions ou préoccupations des clients, améliorant ainsi leur expérience globale. L'embauche de personnel ayant reçu une formation en gestion hôtelière peut garantir que l'hôtel fonctionne de façon harmonieuse et efficace, avec des employés qui connaissent les meilleures pratiques de l'industrie. Cela peut aller de la gestion efficace des réservations et des demandes de service en chambre à la fourniture de recommandations sur les attractions et les activités locales. De cette façon, l'emploi d'un personnel qualifié permet à l'hôtel rural d'asseoir sa réputation d'établissement fiable et axé sur la clientèle. La formation est un aspect essentiel pour s'assurer que les membres du personnel peuvent s'acquitter efficacement de leurs tâches. Les hôtels ruraux sont souvent confrontés à des défis uniques que l'on ne retrouve pas dans les environnements urbains, tels que des ressources limitées ou un plus petit bassin de clients potentiels. Des programmes de formation adaptés aux besoins spécifiques d'un hôtel rural sont donc essentiels. Il peut s'agir de fournir au personnel les connaissances et les compétences nécessaires pour relever ces défis et prendre des décisions éclairées. Par exemple, les sessions de formation axées sur le service à la clientèle en milieu rural peuvent apprendre aux membres du personnel comment apporter la touche personnelle que de nombreux clients désirent, tout en abordant les problèmes potentiels qui peuvent survenir en raison de l'éloignement de l'hôtel. Les programmes de formation continue peuvent permettre au personnel de se tenir au courant des dernières tendances et pratiques du secteur, ce qui garantit que l'hôtel reste compétitif sur le marché. L'embauche et la formation d'un personnel qualifié ont un impact significatif sur la réputation globale et le succès de l'hôtel rural. À l'ère du numérique, où les avis et les recommandations en ligne ont beaucoup de poids, la qualité du personnel d'un hôtel peut faire ou défaire sa réputation. Un personnel bien formé et bien informé peut créer une impression positive sur les clients, ce qui se traduit par des avis favorables et des recommandations de bouche à oreille. En revanche, les expériences négatives avec un personnel non qualifié ou mal formé peuvent rapidement ternir la réputation d'un hôtel et dissuader les clients potentiels. Dans un environnement rural, où le succès d'un hôtel peut dépendre fortement de l'attraction de visiteurs extérieurs à la région immédiate, le maintien d'une solide réputation est crucial. En donnant la priorité au recrutement et à la formation d'un personnel qualifié, les hôtels ruraux peuvent s'assurer qu'ils sont en mesure de fournir un service de qualité constante, ce qui se traduit par des critiques positives et une solide réputation dans le secteur. Le recrutement et la formation d'un personnel qualifié sont d'une importance capitale pour la réussite d'un hôtel rural. Les membres du personnel jouent un rôle crucial dans l'expérience globale des clients et la réputation de l'hôtel dans le secteur. Grâce à des pratiques de recrutement minutieuses et à des programmes de formation sur mesure, les hôtels ruraux peuvent s'assurer que les membres de leur personnel possèdent les compétences et l'expérience nécessaires pour exceller dans leur rôle. Cet accent mis sur le personnel qualifié peut conduire à une plus grande satisfaction de la clientèle, à une solide réputation et au succès à long terme de l'hôtel rural.

POSTES DE PERSONNEL DE RÉCEPTION, DE MÉNAGE ET DE RESTAURATION

Pour mettre en place un hôtel rural, plusieurs fonctions sont nécessaires pour assurer le bon fonctionnement et l'efficacité de l'établissement. Ces fonctions comprennent le personnel de réception, le personnel de ménage et le personnel de restauration, chacun jouant un rôle crucial dans la fourniture d'un service de qualité aux clients. Le personnel de la réception est le premier point de contact des clients et est responsable des réservations, de l'enregistrement et du départ. Il doit posséder d'excellentes aptitudes à la communication et à la résolution de problèmes pour répondre rapidement et efficacement à toutes les questions ou préoccupations des clients. Ils sont également chargés de tenir les dossiers des clients, de traiter les paiements et de fournir des informations sur les attractions et les services locaux. Le personnel de la réception est le visage de l'hôtel et son attitude amicale et professionnelle peut influencer de manière significative l'expérience globale des clients. Le personnel de ménage est essentiel pour maintenir la propreté et assurer le confort des clients pendant leur séjour. Leurs principales responsabilités sont de nettoyer et d'entretenir les chambres des clients, en veillant à ce qu'elles soient bien équipées, par exemple de serviettes et d'articles de toilette propres. Le personnel de ménage joue également un rôle crucial dans le maintien de la propreté générale de l'hôtel, y compris des espaces communs tels que les halls, les couloirs et les toilettes publiques. Le souci du détail et l'œil pour la propreté sont des qualités essentielles pour les personnes qui travaillent dans l'entretien ménager. Elles doivent avoir la capacité de travailler efficacement et discrètement, en respectant l'intimité des clients tout en répondant à leurs besoins. Le personnel des restaurants est chargé d'offrir aux clients une expérience gastronomique délicieuse. Cela comprend les cuisiniers, les serveurs et les assistants de cuisine. Les chefs sont chargés de créer un menu varié et alléchant, en utilisant des ingrédients frais et locaux dans la mesure du possible, pour répondre aux différents goûts et préférences alimentaires. Ils doivent avoir des connaissances culinaires, de la créativité et une passion pour la nourriture. Les serveurs doivent posséder d'excellentes compétences en matière de service à la clientèle et s'assurer que les clients sont servis rapidement et avec courtoisie. Ils prennent les commandes, servent la nourriture et les boissons et donnent des recommandations si nécessaire. Les barmans créent une atmosphère dynamique et agréable en préparant et en servant une variété de boissons, y compris des cocktails et des simulacres de cocktails. Les assistants de cuisine jouent un rôle de soutien, en aidant les cuisiniers dans la préparation des aliments, le nettoyage et l'entretien de l'espace cuisine. Chacune des fonctions ci-dessus requiert des compétences et des connaissances spécifiques, mais le travail d'équipe et la collaboration entre ces personnes sont essentiels à la réussite globale d'un hôtel rural. Une communication et une coordination efficaces entre le personnel de la réception, de l'entretien ménager et du restaurant sont essentielles pour garantir une expérience client sans faille. Par exemple, lorsqu'un client s'enregistre, le personnel de la réception doit informer le service de ménage pour qu'il prépare la chambre sans délai. De même, le personnel du restaurant doit être au courant des arrivées et des départs des clients pour assurer la livraison des services de restauration en temps voulu. La coopération et la coordination entre ces différents services contribuent à une expérience positive et mémorable pour les clients. En plus des principales responsabilités mentionnées ci-dessus, le personnel travaillant dans un hôtel rural doit également posséder certaines qualités qui correspondent à la nature unique de ces établissements. Les hôtels ruraux accueillent souvent des clients à la recherche d'une retraite tranquille et relaxante loin de la vie urbaine. Les membres du personnel doivent avoir une attitude amicale et accueillante, qui permet aux clients de se sentir comme chez eux. Ils doivent posséder un véritable intérêt pour la culture, l'histoire et les attractions locales afin de fournir aux clients des informations et des recommandations pertinentes. La flexibilité et l'adaptabilité sont également des qualités importantes, car les hôtels ruraux peuvent connaître des fluctuations saisonnières en termes d'occupation et d'activités. Les membres du personnel doivent être prêts à faire face à des situations inattendues et à fournir un service personnalisé qui réponde aux divers besoins et attentes des hôtes. Plusieurs fonctions, telles que le personnel de réception, de ménage et de restauration, sont essentielles au bon fonctionnement d'un hôtel rural. Le personnel de la réception est le visage de l'hôtel et s'occupe des réservations, de l'enregistrement et du départ, tandis que le personnel de ménage veille à la propreté et au confort des clients. Le personnel du restaurant crée une expérience gastronomique délicieuse grâce à ses compétences culinaires et à son service à la clientèle. La collaboration et la coordination entre ces services, ainsi que des qualités spécifiques telles que l'amabilité, la flexibilité et un véritable intérêt pour la région, contribuent à créer un hôtel rural qui offre un service exceptionnel et une expérience inoubliable à ses clients.

STRATÉGIES DE RECRUTEMENT ET FORMATION POUR GARANTIR LA SATISFACTION DES CLIENTS

Des stratégies de recrutement et des programmes de formation efficaces sont des éléments essentiels pour garantir la satisfaction des clients dans un hôtel rural. En matière de recrutement, il est crucial d'identifier des personnes qui possèdent non seulement les compétences et les qualifications nécessaires, mais aussi une passion pour l'hôtellerie et un véritable désir de fournir un service à la clientèle exceptionnel. Une stratégie de recrutement efficace consiste à cibler les universités ou les écoles d'hôtellerie locales pour attirer de nouveaux talents. En forgeant des partenariats avec ces établissements d'enseignement, les propriétaires d'hôtels ruraux peuvent puiser dans un vivier d'étudiants enthousiastes désireux d'acquérir une expérience pratique dans le secteur. L'utilisation de sites d'emploi en ligne et de plateformes de médias sociaux peut aider à étendre la portée et la visibilité des offres d'emploi, attirant ainsi des candidats locaux et internationaux. Une fois le processus de recrutement terminé, il est impératif d'investir dans des programmes de formation complets qui dotent les employés des compétences et des connaissances nécessaires pour fournir un excellent service. La formation doit couvrir un large éventail de domaines tels que le service à la clientèle, les compétences en communication, la résolution de problèmes et la compréhension des offres et services uniques de l'hôtel. Les ateliers interactifs, les jeux de rôle et l'observation de membres du personnel expérimentés peuvent être des méthodes de formation efficaces. Il est crucial de créer un environnement de travail positif et inclusif qui favorise le travail d'équipe et encourage les employés à apprendre les uns des autres. En plus de se concentrer sur le recrutement et la formation initiale, il faut assurer un développement et un soutien continus pour s'assurer que les membres du personnel continuent à fournir un service exceptionnel. Des évaluations régulières des performances peuvent aider à identifier les domaines à améliorer et offrir aux employés la possibilité de recevoir des commentaires constructifs et des conseils. Offrir des possibilités de formation supplémentaire et d'avancement de carrière peut motiver les employés à rechercher continuellement l'excellence. Il peut s'agir de certifications dans des domaines spécialisés de l'hôtellerie ou d'un soutien financier pour la formation continue. Pour accroître encore la satisfaction des clients, il est important de créer une culture de l'excellence du service dans l'ensemble de l'organisation. On peut y parvenir en établissant des normes de service et des protocoles qui définissent les attentes de tous les membres du personnel. Donner aux employés les moyens de prendre des décisions et de résoudre les problèmes des clients en temps voulu et de manière satisfaisante peut grandement améliorer l'expérience globale des clients. Donner aux employés l'autorité de traiter les demandes et les problèmes des clients de première main démontre un engagement en faveur d'un service rapide et personnalisé. Une communication et une coordination efficaces entre les différents services de l'hôtel sont cruciales pour garantir une expérience client harmonieuse et mémorable. Des réunions régulières du personnel et des possibilités de formation croisée peuvent faciliter la collaboration et favoriser un sentiment d'unité parmi les employés. Par exemple, le personnel de la réception peut bénéficier de la compréhension des opérations du service de ménage, de la restauration et des autres services, ce qui leur permet de fournir des informations précises et opportunes aux clients. Pour améliorer continuellement les stratégies de recrutement et les programmes de formation, il est important de solliciter régulièrement les commentaires des clients et des employés. Les commentaires des clients peuvent fournir des informations précieuses sur les domaines qui ont besoin d'être améliorés, et mettre en évidence les aspects de l'hôtel qui sont particulièrement bien accueillis. Les enquêtes de satisfaction des clients, les plateformes d'évaluation en ligne et les médias sociaux peuvent aider à recueillir et à analyser les commentaires afin d'éclairer les futures initiatives de recrutement et de formation. Réaliser régulièrement des enquêtes auprès des employés ou organiser des forums ouverts peut fournir une plateforme permettant aux membres du personnel de partager leurs idées et leurs expériences, qui pourront être intégrées dans les futurs programmes de formation. Des stratégies de recrutement et des programmes de formation efficaces sont des éléments clés pour assurer la satisfaction des clients dans un hôtel rural. En employant des stratégies de recrutement ciblées, en investissant dans des programmes de formation complets et en encourageant une culture de l'excellence du service, les propriétaires d'hôtels ruraux peuvent attirer et développer une main-d'œuvre qualifiée et motivée. Un soutien et un développement continus, ainsi que le maintien de lignes de communication ouvertes avec les clients et les employés, sont essentiels pour améliorer en permanence les initiatives de recrutement et de formation afin de répondre à l'évolution des besoins et des attentes des clients et d'assurer le succès à long terme de l'hôtel rural. Un aspect crucial de la gestion d'un hôtel rural réussi est le choix du bon emplacement. L'emplacement de ton hôtel jouera un rôle important pour attirer les clients et déterminer le succès de ton entreprise. Lors du choix d'un emplacement, il est essentiel de prendre en compte plusieurs facteurs. Tout d'abord, la beauté naturelle et le cadre de la région constituent un attrait important pour de nombreux clients d'hôtels rural. Choisis un endroit qui offre des paysages pittoresques, comme des montagnes, des lacs ou des fermes, car ils peuvent offrir une expérience unique et attrayante aux clients. Réfléchis à l'accessibilité de l'endroit - est-il facilement accessible aux clients, soit en voiture, soit par les transports en commun, soit par les deux ? L'accessibilité est cruciale, car s'il est trop difficile pour les clients de se rendre à ton hôtel, ils risquent de choisir un autre endroit. Tiens compte de la disponibilité des commodités et des attractions dans la région - y a-t-il des sentiers de randonnée, des sites historiques ou des restaurants locaux à proximité qui peuvent améliorer l'expérience globale des clients ? Le fait d'avoir ces commodités à proximité peut attirer les clients intéressés à explorer et à s'immerger dans la culture locale. Un autre facteur à prendre en compte est le potentiel de croissance et de développement de la région. Investir dans un endroit qui a un potentiel de croissance peut augmenter la valeur de ta propriété au fil du temps et mener à une entreprise plus prospère et plus rentable. Sois conscient de la concurrence potentielle dans la région - y a-t-il des hôtels ruraux ou des centres de villégiature bien établis à proximité ? Si un peu de concurrence peut être saine et attirer plus de clients dans la région, trop de concurrence peut entraver ta capacité à te démarquer sur le marché.

Il est essentiel de comprendre le marché local et la concurrence pour créer un hôtel rural unique et réussi. Une fois que tu as choisi le bon emplacement pour ton hôtel rural, tu dois te concentrer sur la promotion efficace de ton entreprise. La promotion d'un hôtel rural nécessite une approche stratégique pour atteindre ton public cible et faire connaître ton offre. Une stratégie de promotion efficace consiste à tirer parti des plateformes en ligne et des médias sociaux. Crée un site Web visuellement attrayant qui met en valeur la beauté et les commodités de ton hôtel. Inclus des photographies de haute qualité et des descriptions détaillées des chambres, des installations et des services que tu proposes. En plus de ton site Web, crée des profils de médias sociaux sur des plateformes telles qu'Instagram et Facebook pour présenter ton hôtel et interagir avec les clients potentiels. Tu peux partager des photos époustouflantes, proposer des promotions spéciales et encourager les clients à partager leurs expériences par le biais d'avis et de témoignages. Un autre moyen efficace de promouvoir ton hôtel rural est d'établir des partenariats et des collaborations avec des entreprises et des organisations locales. Identifie les entreprises complémentaires de la région, comme les organisateurs de voyages d'aventure, les restaurants ou les établissements vinicoles, et fais la promotion de leurs services respectifs. Cela peut permettre d'accroître la visibilité et d'attirer des clients intéressés par l'expérience d'une variété d'activités et d'attractions locales. Envisage de faire de la publicité dans les magazines de voyage locaux, les sites Internet et les guides pour atteindre un public plus large. Ne sous-estime pas le pouvoir du marketing de bouche à oreille. Encourage les clients à laisser des commentaires positifs et à partager leur expérience avec leurs amis et leur famille. Offrir un service à la clientèle exceptionnel et des expériences mémorables contribuera à générer un bouche-à-oreille positif et à faire en sorte que les clients reviennent. L'ouverture d'un hôtel rural nécessite une réflexion approfondie lors du choix de l'emplacement et de la mise en œuvre de stratégies promotionnelles efficaces. En sélectionnant un emplacement qui offre une beauté naturelle, une accessibilité, des commodités et un potentiel de croissance, tu peux attirer des clients à la recherche d'une expérience rurale immersive. La promotion de ton entreprise par le biais de plateformes en ligne, de partenariats avec des entreprises locales et du marketing de bouche-à-oreille peut contribuer à accroître la visibilité et à attirer ton public cible. Avec une planification minutieuse et une approche stratégique, tu peux transformer ton rêve de posséder un hôtel rural en une réalité réussie.

X. ÉTABLIR DES PARTENARIATS CLÉS

L'établissement de partenariats clés est une étape cruciale dans le processus de création d'un hôtel rural. Ces partenariats peuvent apporter de nombreux avantages, tels qu'une plus grande visibilité de la marque, l'accès à des connaissances et à une expertise spécialisées, ainsi que la facilitation de divers aspects opérationnels. Un partenariat clé à envisager est la collaboration avec les organisations et agences touristiques locales. Ces organisations peuvent fournir des informations précieuses sur le marché touristique local, aider à promouvoir l'hôtel auprès des visiteurs potentiels et faciliter les connexions avec d'autres entreprises locales. En travaillant en étroite collaboration avec ces organisations, l'hôtel rural peut accéder à un plus grand réseau de ressources, ce qui peut en fin de compte entraîner une augmentation des réservations et des revenus. Un autre partenariat important à envisager est celui avec les fournisseurs et les producteurs locaux. Cette collaboration peut améliorer l'expérience globale des clients en proposant des produits d'origine locale tels que de la nourriture et des boissons. Les clients sont de plus en plus à la recherche d'expériences authentiques et uniques, et en s'associant avec des fournisseurs locaux, l'hôtel rural peut offrir un avant-goût de la culture et des saveurs locales. Collaborer avec des fournisseurs locaux peut avoir un impact positif sur l'économie locale, en soutenant les petites entreprises et en contribuant au développement durable de la région. En plus des partenariats locaux, il est également bénéfique d'établir des liens avec des associations et des organisations liées à l'industrie. Ces associations peuvent donner accès à des réseaux professionnels, à des connaissances sur le secteur et à des possibilités de formation continue et de développement professionnel. En devenant un membre actif de ces organisations, l'hôtel rural peut se tenir au courant des dernières tendances et des meilleures pratiques du secteur, ce qui peut contribuer à son succès à long terme. Ces partenariats peuvent également déboucher sur des possibilités de collaboration et des initiatives marketing conjointes, ce qui peut encore améliorer la visibilité et la portée de l'hôtel. L'établissement de partenariats avec des institutions académiques peut apporter un ensemble unique d'avantages à l'hôtel rural. En collaborant avec des universités et des instituts, l'hôtel peut accéder à un vivier de stagiaires potentiels et de futurs employés à la recherche d'une expérience pratique dans le secteur de l'hôtellerie. Cela peut être particulièrement précieux pour les hôtels ruraux, car ils peuvent avoir des difficultés à attirer et à retenir du personnel qualifié. Les partenariats avec les établissements universitaires peuvent offrir des possibilités de recherche collaborative et d'échange de connaissances, ce qui peut contribuer à l'amélioration continue et à l'innovation des opérations et des services de l'hôtel. Un autre partenariat possible à envisager est celui avec les organisations culturelles et patrimoniales locales. Les zones rurales ont souvent un riche patrimoine culturel et historique, qui peut attirer les touristes. En s'associant avec des organisations culturelles locales, l'hôtel rural peut offrir à ses clients des expériences et des activités uniques qui mettent en valeur le patrimoine local. Cela peut aller de l'organisation de visites guidées de sites historiques à l'accueil de manifestations culturelles et de festivals. En exploitant le patrimoine local, l'hôtel peut attirer un marché de niche de voyageurs orientés vers la culture, ce qui lui permet de se différencier davantage de ses concurrents. L'établissement de partenariats avec des organisations communautaires locales peut avoir un impact positif significatif sur le succès d'un hôtel rural. En s'engageant auprès de la communauté locale, l'hôtel peut établir des relations solides basées sur la confiance et le soutien mutuel. Cela peut conduire à une plus grande bienveillance et à des recommandations positives de bouche-à-oreille de la part de la communauté locale, ce qui permet de promouvoir l'hôtel auprès de visiteurs potentiels. Le partenariat avec des organisations communautaires peut donner lieu à des possibilités de collaboration sur diverses initiatives, telles que des projets de durabilité environnementale ou des programmes de sensibilisation de la communauté. Ces initiatives profitent non seulement à la communauté locale, mais contribuent également à la réputation de l'hôtel en tant qu'entreprise responsable et socialement consciente. L'établissement de partenariats clés est une étape essentielle dans le processus de création d'un hôtel rural. Ces partenariats peuvent apporter de nombreux avantages, tels qu'une plus grande visibilité de la marque, l'accès à des connaissances et à une expertise spécialisées, et la facilitation de divers aspects opérationnels. En collaborant avec les organisations touristiques locales, les fournisseurs, les établissements universitaires, les organisations culturelles et la communauté locale, l'hôtel rural peut puiser dans un réseau de ressources plus large, améliorer l'expérience des clients et contribuer au développement durable de la région. Ces partenariats peuvent en fin de compte contribuer au succès et à la rentabilité à long terme de l'hôtel rural.

ÉTABLIR DES PARTENARIATS AVEC LES ENTREPRISES LOCALES ET LES ORGANISATIONS COMMUNAUTAIRES

Ces partenariats offrent de nombreux avantages qui font partie intégrante de la croissance et de la durabilité de l'entreprise. Tout d'abord, s'associer avec des entreprises locales et des organisations communautaires permet à l'hôtel de tirer parti des réseaux existants et d'établir une forte présence dans la communauté. En nouant des relations mutuellement bénéfiques, l'hôtel peut tirer parti des connaissances et de l'expertise de ces partenaires pour améliorer ses services et ses offres. Par exemple, un partenariat avec l'office du tourisme local peut fournir à l'hôtel des informations précieuses sur les préférences et les intérêts des clients potentiels, ce qui lui permet d'adapter son offre à ces besoins. Collaborer avec les entreprises locales peut conduire à des alliances stratégiques qui génèrent un flux régulier de clients. En recommandant l'hôtel à leurs clients, les entreprises locales peuvent augmenter considérablement leur visibilité et attirer un public plus large. Cette relation symbiotique favorise un sentiment de solidarité au sein de la communauté, car les résidents sont plus susceptibles de soutenir et de promouvoir un hôtel qui collabore activement avec les entreprises locales. Établir des partenariats avec des organisations communautaires est crucial pour créer une image de marque positive et contribuer au développement global de la région. En s'alignant sur les organisations locales à but non lucratif ou caritatives, l'hôtel peut démontrer son engagement en matière de responsabilité sociale et de bien-être de la communauté. Cela permet non seulement d'améliorer la réputation de l'hôtel, mais aussi de susciter la bienveillance des résidents, qui sont plus enclins à choisir un hôtel qui a démontré son dévouement à l'amélioration de la communauté. Collaborer avec des organisations communautaires peut ouvrir à l'hôtel des opportunités de participer à des événements ou à des initiatives qui mettent en valeur la destination et attirent les touristes. Cette visibilité est inestimable pour rehausser le profil de l'hôtel et l'établir comme un acteur clé du secteur local de l'hôtellerie. Les partenariats avec les organisations communautaires peuvent faciliter l'accès à des ressources et à des services dont le coût serait autrement prohibitif ou difficile à obtenir. Par exemple, un hôtel situé dans une zone rurale peut s'associer à une ferme locale pour s'approvisionner en produits frais pour son restaurant. Cela permet non seulement d'assurer une expérience gastronomique de grande qualité aux clients, mais aussi de soutenir l'agriculture locale et de renforcer l'économie locale. Collaborer avec des organisations communautaires peut faciliter l'organisation d'activités ou d'événements qui répondent aux intérêts des clients. En collaborant avec des clubs de loisirs locaux ou des institutions culturelles, l'hôtel peut proposer des expériences uniques qui le différencient de ses concurrents. Cette diversification de l'offre attire un public plus large et encourage les séjours plus longs, ce qui augmente les revenus de l'hôtel et de l'économie locale. L'établissement de partenariats avec des entreprises locales et des organisations communautaires permet non seulement d'améliorer la réputation de l'hôtel et sa clientèle, mais aussi de créer une relation symbiotique qui profite à l'ensemble de la communauté. En s'engageant activement dans son environnement, l'hôtel peut puiser dans des ressources précieuses, améliorer ses services et contribuer au développement global de la région. Les connaissances, l'expérience et le soutien apportés par les partenaires locaux sont essentiels pour naviguer dans les complexités du secteur de l'hôtellerie et peuvent être un catalyseur de la réussite d'un hôtel rural. Favoriser les partenariats avec les organisations communautaires encourage un sentiment d'appartenance et de solidarité, car les résidents et les clients sont témoins du dévouement de l'hôtel à la responsabilité sociale et au bien-être de la communauté. En adoptant une approche collaborative, les hôtels ruraux peuvent véritablement devenir des catalyseurs de la croissance économique, de l'enrichissement culturel et du tourisme durable dans leurs régions respectives.

COLLABORER AVEC LES OFFICES DE TOURISME, LES VOYAGISTES ET LES FOURNISSEURS LOCAUX

Collaborer avec les offices de tourisme, les voyagistes et les fournisseurs locaux présente de nombreux avantages pour un hôtel rural. Tout d'abord, travailler avec les offices de tourisme peut offrir une exposition précieuse et des opportunités de marketing. Les offices de tourisme ont pour mission de promouvoir une destination et d'attirer les visiteurs, c'est pourquoi un partenariat avec eux permet à un hôtel rural d'optimiser ses efforts de marketing et d'atteindre un public plus large. Les offices de tourisme ont souvent mis en place des campagnes de marketing, des sites Web et des canaux de médias sociaux, ce qui peut considérablement accroître la visibilité d'un hôtel. Ils peuvent fournir des ressources telles que des brochures, des cartes et des guides touristiques, qui peuvent être distribués à l'hôtel pour améliorer les connaissances des clients sur la région et les encourager à explorer les environs. Deuxièmement, la collaboration avec les voyagistes peut grandement améliorer l'expérience des clients et augmenter les revenus de l'hôtel. Les voyagistes sont spécialisés dans la création d'expériences uniques et immersives pour les voyageurs, et en s'associant avec eux, les hôtels ruraux peuvent proposer aux clients un large éventail d'activités et d'excursions. Ces activités peuvent être adaptées pour mettre en valeur la culture locale, l'histoire et la beauté naturelle de la région, ce qui ajoute de la valeur au séjour des clients et les encourage à prolonger leur visite. Les voyagistes ont souvent établi des relations avec d'autres entreprises locales, telles que des restaurants, des caves et des ateliers d'artisans, qui peuvent être mises à profit pour créer des forfaits attrayants et des promotions collaboratives qui profitent à la fois à l'hôtel et aux autres établissements locaux. Collaborer avec des fournisseurs locaux présente plusieurs avantages pour un hôtel rural. Les fournisseurs locaux donnent accès à des produits frais, de saison et de haute qualité, qui peuvent améliorer l'offre de l'hôtel, notamment en termes de nourriture et de boissons. En s'approvisionnant en ingrédients et en produits auprès des agriculteurs, pêcheurs et artisans locaux, l'hôtel peut créer une expérience gastronomique authentique de la ferme à la table qui met en valeur les saveurs uniques de la région. Cela permet non seulement d'élever l'expérience culinaire des clients, mais aussi de soutenir l'économie locale et d'encourager les pratiques durables. Collaborer avec des fournisseurs locaux peut offrir des opportunités uniques en matière d'image de marque, car l'hôtel peut mettre en avant les origines et les histoires qui se cachent derrière ses produits d'origine locale, créant ainsi un sentiment d'authenticité et un lien avec la communauté locale. En plus des avantages directs, la collaboration avec les offices de tourisme, les voyagistes et les fournisseurs locaux peut améliorer la réputation et la crédibilité d'un hôtel rural. En s'alignant sur des organisations établies et en travaillant avec des entreprises réputées, l'hôtel gagne la confiance des clients potentiels. Le partenariat avec les offices de tourisme et les voyagistes ajoute un niveau de légitimité et de professionnalisme à l'hôtel, assurant aux clients qu'ils choisissent un établissement fiable et bien considéré. De même, le partenariat avec des fournisseurs locaux montre l'engagement de l'hôtel à soutenir la communauté locale et les pratiques durables, ce qui trouve un écho auprès des voyageurs soucieux de l'environnement et renforce la réputation de l'hôtel en tant qu'entreprise responsable et éthique.

Collaborer avec ces entités peut offrir de précieuses opportunités de réseautage. Les offices de tourisme, les voyagistes et les fournisseurs locaux disposent souvent de vastes réseaux au sein de l'industrie et peuvent présenter l'hôtel à d'autres acteurs clés tels que les agents de voyage, les blogueurs de voyage et les journalistes. Ces connexions peuvent déboucher sur des opportunités promotionnelles supplémentaires, une couverture médiatique et des partenariats qui peuvent encore accroître la visibilité et la portée de l'hôtel. Construire un réseau solide au sein de l'industrie du voyage peut également donner accès aux tendances de l'industrie, à la connaissance du marché et à des partenariats potentiels qui peuvent aider l'hôtel à rester compétitif et à s'adapter à l'évolution des demandes du marché. Collaborer avec les offices de tourisme, les voyagistes et les fournisseurs locaux offre une multitude d'avantages aux hôtels ruraux. L'exposition et les opportunités de marketing offertes par les offices de tourisme peuvent considérablement augmenter la visibilité de l'hôtel, tandis que les partenariats avec les voyagistes peuvent améliorer l'expérience des clients et augmenter les revenus. Collaborer avec des fournisseurs locaux permet à l'hôtel de proposer des produits de haute qualité, de soutenir l'économie locale et de promouvoir la durabilité. Le partenariat avec ces entités renforce également la réputation et la crédibilité de l'hôtel, tandis que les possibilités de réseautage peuvent mener à d'autres opportunités promotionnelles et à une meilleure connaissance du secteur. Ces collaborations sont des étapes essentielles sur la voie de la création d'un hôtel rural.

EXEMPLES D'HÔTELS RURAUX PROSPÈRES QUI ONT FORMÉ DES PARTENARIATS STRATÉGIQUES MUTUELLEMENT BÉNÉFIQUES

Dans le domaine des hôtels ruraux, les exemples de réussite abondent en ce qui concerne la formation de partenariats stratégiques mutuellement bénéfiques. L'un de ces exemples est le partenariat entre l'hôtel A et une entreprise locale de tourisme d'aventure dans une ville de montagne pittoresque. L'hôtel A a reconnu le potentiel de la restauration des touristes d'aventure et a cherché à offrir une expérience unique et complète à ses clients. En s'associant avec l'entreprise de tourisme d'aventure, l'hôtel A a pu proposer à ses clients une variété d'activités de plein air passionnantes, telles que la randonnée, le VTT et l'escalade, avec des guides experts et un équipement de pointe. En retour, l'entreprise de tourisme d'aventure a eu accès à un flux constant de clients désireux d'explorer la beauté naturelle de la région. Ce partenariat mutuellement bénéfique a non seulement attiré à l'hôtel des touristes en quête d'aventure, mais il a également stimulé l'économie locale en promouvant les activités récréatives de plein air. En conséquence, l'hôtel A est devenu une destination recherchée par les aventuriers et a connu une augmentation significative des réservations et des revenus. Un autre exemple réussi d'hôtel rural formant un partenariat stratégique est la collaboration entre l'hôtel B et une ferme biologique située à la campagne. L'hôtel B a reconnu la popularité croissante des expériences culinaires de la ferme à la table et a cherché à offrir à ses clients un goût authentique des produits locaux. En s'associant à la ferme biologique, l'hôtel B a pu s'approvisionner en ingrédients frais et de saison directement auprès de la ferme, garantissant à ses clients des expériences culinaires uniques et de grande qualité. En retour, la ferme biologique a bénéficié d'une exposition à une clientèle plus large et d'une demande accrue pour ses produits. Le partenariat a également permis à l'hôtel B de se présenter comme un établissement écologiquement durable qui soutient les agriculteurs locaux et encourage une alimentation saine. Ce partenariat stratégique a non seulement amélioré la réputation de l'hôtel, mais a également contribué à la croissance du secteur de l'agriculture biologique dans la région, en encourageant davantage d'agriculteurs à adopter des pratiques durables. Ce partenariat est devenu une situation gagnant-gagnant pour l'hôtel B et la ferme biologique, les positionnant en tant que leaders du mouvement "de la ferme à la table", tout en récoltant des avantages économiques substantiels. Un autre exemple d'hôtel rural formant un partenariat stratégique peut être vu dans la collaboration entre l'hôtel C et un centre culturel local. Situé dans un village historique célèbre pour son riche patrimoine culturel, l'hôtel C avait pour objectif d'offrir à ses clients une expérience culturelle immersive. En s'associant avec le centre culturel local, l'Hôtel C a pu organiser des visites, des ateliers et des spectacles exclusifs pour ses clients, leur permettant ainsi d'approfondir les traditions et les coutumes de la région. En retour, le centre culturel a gagné en visibilité et en soutien financier, ce qui lui a permis de préserver et de promouvoir le patrimoine culturel local. Ce partenariat a non seulement attiré des passionnés de culture à l'hôtel, mais a également contribué à préserver l'identité culturelle du village. En conséquence, l'hôtel C a connu une augmentation des réservations de la part des touristes à la recherche d'une expérience culturelle authentique, tandis que le centre culturel local a reçu les ressources nécessaires pour poursuivre son important travail.

Les hôtels ruraux qui ont réussi ont manifesté des partenariats stratégiques mutuellement bénéfiques de diverses manières. Qu'il s'agisse de collaborer avec des entreprises de tourisme d'aventure, des fermes biologiques ou des centres culturels, ces partenariats se sont avérés déterminants pour attirer les touristes, stimuler les économies locales, promouvoir la durabilité et préserver le patrimoine culturel. Ces collaborations améliorent non seulement l'offre des hôtels ruraux, mais contribuent également au développement global et à l'attractivité touristique des régions dans lesquelles ils opèrent. En reconnaissant le potentiel des partenariats stratégiques et en favorisant des relations mutuellement bénéfiques, les hôtels ruraux peuvent maximiser leur succès et s'imposer comme des acteurs clés du secteur de l'hôtellerie. Le succès d'un hôtel rural dépend de plusieurs facteurs clés qui doivent être soigneusement pris en compte et mis en œuvre. L'un des aspects les plus importants à prendre en compte est l'emplacement de l'hôtel. Il est crucial de choisir un emplacement qui offre non seulement la beauté naturelle et la tranquillité, mais aussi l'accessibilité aux commodités et aux attractions. Cela garantira aux clients une expérience agréable et confortable, leur permettant de profiter pleinement de leur séjour. L'hôtel doit être situé dans une zone ayant un potentiel de croissance et de développement, ce qui garantit une demande régulière d'hébergement. Une étude de marché appropriée doit être réalisée pour identifier le marché cible et comprendre ses préférences et ses besoins. Cela permettra à l'hôtel d'adapter son offre et d'offrir aux clients une expérience unique et mémorable. Une fois l'emplacement choisi, l'étape suivante consiste à créer un environnement accueillant et confortable pour les clients. La conception et l'aménagement de l'hôtel doivent être soigneusement étudiés, en tenant compte de facteurs tels que la praticité, l'esthétique et la durabilité. La décoration intérieure doit refléter la beauté naturelle et le charme de la région environnante, en créant une connexion transparente entre l'hôtel et son environnement. L'hôtel doit offrir une gamme de services et d'installations qui répondent aux besoins de ses clients. Qu'il s'agisse d'un spa, d'un restaurant ou d'activités de plein air, ces caractéristiques supplémentaires peuvent améliorer l'expérience globale et attirer une clientèle plus large. Un aspect essentiel de la gestion d'un hôtel rural réussi est la création d'une équipe de personnel solide et fiable. L'hôtel doit embaucher des employés expérimentés et compétents qui sont passionnés par le service à la clientèle et qui se consacrent à créer une expérience positive pour les clients. Des programmes de formation et de développement doivent être mis en œuvre pour s'assurer que le personnel possède les compétences et les connaissances nécessaires pour accomplir efficacement ses tâches. En plus de fournir un excellent service à la clientèle, le personnel doit bien connaître la région et être en mesure d'offrir des recommandations et de l'aide aux clients. Cela permettra non seulement d'améliorer l'expérience globale des clients, mais aussi de contribuer à la promotion des entreprises et des attractions locales. Le marketing et la promotion sont essentiels pour attirer les clients et assurer un flux d'affaires régulier pour l'hôtel. Il faut créer un site Internet bien conçu et convivial, qui fournisse aux clients potentiels toutes les informations nécessaires et des éléments visuels attrayants pour encourager les réservations. Le site Web doit mettre en avant les caractéristiques et les offres uniques de l'hôtel, en présentant la beauté naturelle et la tranquillité de l'endroit. L'utilisation des plateformes de médias sociaux, telles qu'Instagram et Facebook, peut également être un moyen très efficace d'engager le dialogue avec les clients potentiels et de promouvoir l'hôtel. Des mises à jour régulières et du contenu attrayant peuvent aider à construire un public fidèle et à susciter de l'intérêt pour l'hôtel. Les partenariats et les collaborations avec des entreprises et des organisations locales peuvent aider à accroître la visibilité de la marque et à attirer un public plus large. Il peut s'agir de proposer des forfaits communs ou d'organiser des événements et des activités en collaboration avec d'autres entreprises de la région. Pour assurer le succès et la durabilité à long terme de l'hôtel rural, il est important de rechercher activement les commentaires des clients et de s'améliorer et d'innover en permanence. Des enquêtes de satisfaction régulières auprès des clients peuvent fournir des informations précieuses sur les domaines à améliorer et identifier les problèmes ou préoccupations potentiels. Un engagement actif avec les clients sur les médias sociaux et d'autres plateformes peut également aider à identifier les tendances et les préférences, ce qui permet à l'hôtel de s'adapter et de faire évoluer son offre en conséquence. Le suivi des tendances et des meilleures pratiques du secteur peut être source d'inspiration et d'idées pour le développement et l'expansion futurs. En restant à l'avant-garde et en s'efforçant constamment de dépasser les attentes des clients, un hôtel rural peut s'imposer comme un leader du secteur et se constituer une clientèle fidèle. La création d'un hôtel rural implique un examen minutieux de l'emplacement, de la conception et de l'aménagement, de la dotation en personnel, du marketing et de la promotion, ainsi que de l'amélioration continue et de l'innovation. En appliquant ces facteurs clés et en offrant une expérience unique et mémorable aux clients, un hôtel rural peut prospérer et devenir une destination recherchée par les voyageurs en quête de tranquillité et de beauté naturelle.

XI. DÉVELOPPER DES STRATÉGIES DE MARKETING EFFICACES

Une fois que ton hôtel rural est opérationnel, il est crucial de développer des stratégies de marketing efficaces pour assurer son succès à long terme. Le marketing est l'épine dorsale de toute entreprise et, dans le secteur de l'hôtellerie, il joue un rôle essentiel pour attirer et fidéliser les clients. Il existe plusieurs étapes clés à suivre pour élaborer une stratégie marketing qui permettra de promouvoir efficacement ton hôtel rural et d'accroître sa visibilité sur le marché. Tout d'abord, il est essentiel de définir ton marché cible. Comprendre qui est ton client idéal te permettra d'adapter tes efforts de marketing pour faire appel à ses besoins et préférences spécifiques. Identifie les données démographiques, psychographiques et les motivations de ton marché cible pour créer un profil qui informera ta stratégie marketing. Par exemple, si ton hôtel rural est situé à proximité de parcs nationaux, ton marché cible peut être constitué de passionnés de nature en quête d'aventure ou de familles cherchant à renouer avec la nature. Une fois que tu as défini ton marché cible, l'étape suivante consiste à réaliser une étude de marché approfondie. Il s'agit d'étudier la concurrence, d'analyser les tendances du marché et d'identifier les opportunités de croissance et de différenciation. En comprenant le paysage actuel du marché, tu peux élaborer des stratégies marketing qui positionnent efficacement ton hôtel rural par rapport à la concurrence et qui tirent parti des tendances émergentes. Par exemple, si tes recherches révèlent une demande croissante d'hébergements écologiques, tu peux choisir de mettre l'accent sur les pratiques durables et les services respectueux de l'environnement de ton hôtel dans tes campagnes de marketing. Un autre aspect crucial du développement de stratégies marketing efficaces est la création d'une identité de marque forte. Ta marque est ce qui différencie ton hôtel rural des autres et contribue à créer une expérience mémorable et unique pour tes clients. Une identité de marque forte transmet les valeurs, la personnalité et la promesse d'un service exceptionnel de ton hôtel. Il est essentiel de développer une image de marque cohérente sur tous les canaux de marketing, y compris ton site Web, tes plateformes de médias sociaux et ton matériel promotionnel. En établissant une identité de marque forte, tu peux cultiver une clientèle fidèle qui contribuera à alimenter le marketing de bouche-à-oreille. À l'ère du numérique, avoir une forte présence en ligne est vital pour toute entreprise, y compris les hôtels ruraux. Il est crucial d'investir dans un site Web professionnel et convivial qui présente les services de ton hôtel, met en valeur ses caractéristiques uniques et permet aux clients de réserver facilement. Maintenir des profils de médias sociaux actifs peut t'aider à dialoguer avec des clients potentiels et à créer une communauté autour de ta marque. Utilise ces plateformes pour partager des images époustouflantes de ton hôtel, rendre compte des événements spéciaux ou des promotions, et répondre rapidement aux questions des clients. Les sites d'avis en ligne tels que TripAdvisor jouent un rôle important dans la façon dont les clients perçoivent ton hôtel. Encourage les clients satisfaits à laisser des commentaires positifs et réponds rapidement à tout commentaire négatif pour maintenir une réputation en ligne positive. En plus des efforts en ligne, les méthodes de marketing traditionnelles telles que les annonces imprimées, les brochures et les publipostages peuvent encore être efficaces pour atteindre les clients potentiels. Les partenariats avec d'autres entreprises locales, comme les voyagistes ou les restaurants, peuvent également t'aider à étendre ta portée et à attirer des clients qui pourraient être intéressés par la découverte de la région. Envisage d'offrir des promotions ou des forfaits conjoints pour exploiter les bases de clients des uns et des autres et accroître la visibilité. Pour continuer à attirer de nouveaux clients et à fidéliser les clients existants, il est essentiel de proposer des expériences uniques et des services personnalisés. Envisage d'intégrer des activités ou des services qui répondent aux intérêts de ton marché cible, qu'il s'agisse de randonnées guidées dans la nature, de cours de cuisine mettant en valeur la cuisine locale ou de soins de spa utilisant des produits biologiques. En faisant un effort supplémentaire pour garantir des expériences exceptionnelles aux clients, tu peux encourager les commentaires positifs et générer des clients réguliers. L'élaboration de stratégies de marketing efficaces pour ton hôtel rural est un processus continu. Évalue périodiquement les résultats de tes efforts de marketing, suis l'efficacité des différentes campagnes et fais les ajustements nécessaires. Reste informé des tendances du secteur et des préférences des consommateurs et adapte tes stratégies de marketing en conséquence. En affinant et en optimisant continuellement tes efforts de marketing, ton hôtel rural peut prospérer sur un marché concurrentiel et attirer des clients à la recherche d'une escapade rurale inoubliable.

L'IMPORTANCE DU MARKETING DANS LA PROMOTION D'UN HÔTEL RURAL

Souligner l'importance du marketing dans la promotion d'un hôtel rural est crucial pour sa réussite. Grâce à un marketing efficace d'un hôtel rural, les propriétaires peuvent attirer des clients potentiels, accroître la notoriété de la marque et favoriser les réservations. Dans l'industrie hôtelière compétitive d'aujourd'hui, le marketing joue un rôle clé dans l'établissement d'une identité unique pour l'hôtel, la création d'une forte présence en ligne et l'établissement d'un lien efficace avec les publics cibles.

L'une des principales raisons pour lesquelles le marketing est essentiel pour promouvoir un hôtel rural est d'attirer des clients potentiels. Contrairement aux hôtels situés dans les zones urbaines, les hôtels ruraux sont souvent confrontés au défi d'être situés loin de l'agitation de la vie urbaine. Il est crucial pour les propriétaires d'hôtels d'aller à la rencontre des clients potentiels et d'éveiller leur intérêt pour une destination rurale. Grâce à des stratégies de marketing ciblées, telles que les campagnes de publicité numérique et l'optimisation des moteurs de recherche (SEO), les propriétaires d'hôtels peuvent s'assurer que leur établissement bénéficie d'une visibilité auprès du public souhaité. En mettant en valeur les aspects uniques de l'emplacement rural, tels que les paysages pittoresques, les activités de plein air et la culture locale, le marketing peut communiquer efficacement la proposition de valeur d'un hôtel rural et inciter les clients potentiels à le choisir comme destination. En plus d'attirer les clients, le marketing joue également un rôle important dans l'augmentation de la notoriété de la marque d'un hôtel rural. L'établissement d'une marque forte et reconnaissable est essentiel pour toute entreprise, y compris les hôtels. Dans le cas d'un hôtel rural, où la concurrence n'est peut-être pas aussi intense que dans les zones urbaines, le fait d'avoir une image de marque distinctive peut faire une différence significative. Grâce à des efforts en matière d'image de marque, tels que le choix minutieux du nom de l'hôtel, la conception d'un logo mémorable et l'élaboration d'une histoire de marque convaincante, les propriétaires d'hôtels peuvent différencier leur établissement de la concurrence et créer une impression durable dans l'esprit des clients potentiels. En incorporant systématiquement les éléments de la marque de l'hôtel dans les différents canaux de marketing, tels que le site Web, les comptes de médias sociaux et le matériel promotionnel, les propriétaires peuvent accroître efficacement la notoriété de la marque et s'assurer que leur hôtel rural se démarque de la foule. Le marketing est crucial pour susciter des réservations et maximiser les revenus d'un hôtel rural. À l'ère du numérique, les gens comptent beaucoup sur les plateformes de recherche et de réservation en ligne pour planifier leur voyage et leur hébergement. Il est essentiel pour les propriétaires d'hôtels ruraux d'avoir une forte présence en ligne et d'employer des stratégies de marketing numérique pour susciter des réservations directes. Grâce aux techniques de marketing sur les moteurs de recherche (SEM), telles que la publicité payante et les campagnes de reciblage, les hôteliers peuvent augmenter leur visibilité sur les moteurs de recherche et générer du trafic vers leur site Web. Grâce aux plateformes de médias sociaux et au marketing par courriel, les propriétaires peuvent dialoguer avec les clients potentiels, leur proposer des offres pertinentes et at-trayantes et entretenir leurs relations afin d'encourager les ré-servations directes. En suivant et en analysant avec diligence l'efficacité des différents canaux de marketing, les propriétaires d'hôtels peuvent optimiser leurs efforts de marketing, allouer les ressources à bon escient et, en fin de compte, maximiser les réservations et les revenus. Le marketing n'est pas seulement vital pour attirer de nouveaux clients, mais aussi pour les fidéli-ser et encourager les visites répétées. Un hôtel rural est un hôtel qui non seulement offre une expérience unique et mémorable à ses clients, mais qui entretient également une relation continue avec eux. En mettant en place des programmes de fidélisation des clients, des campagnes marketing personnalisées et une communication régulière, les hôteliers peuvent montrer leur re-connaissance aux clients, améliorer leur expérience et les en-courager à revenir à l'avenir. Grâce à des initiatives marketing efficaces, telles que l'engagement sur les médias sociaux et la gestion de la réputation en ligne, les hôteliers peuvent rester en contact avec les anciens clients, répondre à leurs préoccupations et s'assurer que les recommandations de bouche-à-oreille sont positives pour attirer de nouveaux clients. En donnant la priorité à la fidélisation des clients grâce au marketing, les propriétaires d'hôtels ruraux peuvent se constituer une clientèle fidèle et fa-voriser la croissance durable de leur entreprise. Le marketing joue un rôle crucial dans la promotion d'un hôtel rural, en atti-rant des clients potentiels, en augmentant la notoriété de la marque, en favorisant les réservations et en encourageant la fi-délité des clients. Grâce à des stratégies de marketing ciblées qui mettent en valeur les aspects uniques de l'emplacement ru-ral, les propriétaires d'hôtels peuvent créer une forte présence en ligne et atteindre efficacement le public souhaité. En établissant une image de marque mémorable, en incorporant systématiquement des éléments de la marque sur tous les canaux de marketing et en utilisant des stratégies de marketing numérique, les propriétaires d'hôtels peuvent différencier leur établissement et se démarquer de leurs concurrents. En donnant la priorité à la fidélisation des clients grâce à des campagnes de marketing personnalisées et à une communication continue, les propriétaires d'hôtels ruraux peuvent se constituer une clientèle fidèle et encourager les visites répétées, ce qui garantit le succès à long terme et la durabilité de leur entreprise.

LES CANAUX DE MARKETING : LES PLATEFORMES EN LIGNE, LES MÉDIAS SOCIAUX ET LES AGENCES DE VOYAGE

À l'ère du numérique, les canaux de marketing ont considérablement évolué, offrant aux entreprises diverses possibilités de promouvoir leurs produits ou services. L'un des canaux de marketing les plus en vue est celui des plateformes en ligne. Ces plateformes, telles qu'Expedia, Booking.com et Airbnb, ont complètement révolutionné la façon dont les gens recherchent et réservent un hébergement. Grâce à ces plateformes, les propriétaires d'hôtels ruraux ont la possibilité d'atteindre un public mondial et d'augmenter leur visibilité et leurs réservations. En annonçant leurs propriétés sur ces plateformes, les hôteliers bénéficient des vastes efforts de marketing de ces sites web, atteignant ainsi des millions de clients potentiels qui recherchent activement un hébergement. Ces plateformes offrent des informations précieuses et des analyses de données qui permettent aux hôteliers de mieux comprendre leur public cible et de prendre des décisions fondées sur des données afin d'améliorer leurs stratégies marketing. Les médias sociaux constituent un autre canal de marketing influent. Avec l'essor de plateformes telles que Facebook, Instagram et Twitter, les entreprises ont désormais un accès direct à un vaste réseau de clients potentiels. En créant du contenu attrayant et en maintenant une présence active sur les médias sociaux, les propriétaires d'hôtels peuvent favoriser un sentiment de communauté et s'engager constamment auprès de leur public. Le partage de photos et de vidéos qui mettent en valeur la beauté et le caractère unique de ton hôtel rural peut attirer les voyageurs à la recherche d'une expérience unique et authentique. Les plateformes de médias sociaux offrent des outils de ciblage efficaces, permettant aux hôtels d'atteindre des groupes démographiques spécifiques, tels que les amateurs d'aventure ou les passionnés de nature, en fonction de leurs centres d'intérêt, de leur emplacement ou d'autres critères pertinents. Cette approche ciblée permet aux hôtels ruraux de maximiser leurs efforts de marketing et de générer des prospects de meilleure qualité, qui sont plus susceptibles de se convertir en réservations réelles. Si les plateformes en ligne et les médias sociaux offrent d'énormes possibilités, il ne faut pas négliger les canaux de marketing traditionnels, en particulier les agences de voyage. Malgré l'essor des plateformes de réservation en ligne, de nombreux voyageurs préfèrent encore réserver leur hébergement auprès des agences de voyage. Les agences de voyage offrent un service personnalisé, guidant les voyageurs tout au long du processus de réservation et offrant des conseils d'experts basés sur les préférences de leurs clients. En s'associant avec des agences de voyage spécialisées dans le tourisme rural ou d'aventure, les hôteliers peuvent accéder à un réseau sélectionné de clients potentiels spécifiquement intéressés par l'exploration de destinations rurales. Les agences de voyage ont tendance à cibler une clientèle haut de gamme prête à dépenser plus pour des expériences uniques, ce qui en fait un canal idéal pour les hôtels ruraux de luxe. Travailler avec les agences de voyage permet aux hôteliers de tirer parti de leur expertise et de leurs contacts pour atteindre des clients potentiels qui n'auraient peut-être pas découvert leur établissement autrement. La variété des canaux de marketing disponibles aujourd'hui offre aux propriétaires d'hôtels ruraux d'innombrables possibilités de promouvoir leur entreprise et d'attirer des clients. Les plateformes en ligne telles qu'Expedia et Booking.com offrent une portée mondiale et de vastes efforts de marketing, ce qui permet aux hôtels ruraux d'entrer en contact avec un large public et d'accroître leur visibilité. Les plateformes de médias sociaux, telles que Facebook et Instagram, offrent un moyen direct et engageant de présenter le caractère unique des hôtels ruraux et d'interagir avec les clients potentiels. L'utilisation de publicités ciblées sur les médias sociaux permet de s'assurer que les efforts de marketing atteignent le groupe démographique souhaité, maximisant ainsi leur efficacité. Les agences de voyage offrent un service personnalisé, guidant les voyageurs et ciblant une clientèle haut de gamme à la recherche d'expériences uniques. En adoptant plusieurs canaux de marketing, les propriétaires d'hôtels ruraux peuvent augmenter considérablement leurs chances de succès et transformer leur rêve en une réalité florissante.

CRÉER DES CAMPAGNES DE MARKETING ATTRAYANTES POUR ATTIRER LES CLIENTS ET GÉNÉRER DES RÉSERVATIONS

L'un des aspects les plus cruciaux de la gestion d'un hôtel rural est la création rural de marketing convaincantes pour attirer les clients et générer des réservations. Dans le secteur hôtelier concurrentiel d'aujourd'hui, il est essentiel de se démarquer et de communiquer efficacement les offres uniques de ton hôtel rural aux clients potentiels. Il existe plusieurs conseils précieux qui peuvent t'aider à assurer le succès de tes campagnes de marketing. Tout d'abord, il est important de bien comprendre ton public cible. En faisant des recherches approfondies et en analysant ton client idéal, tu pourras adapter tes efforts de marketing à ses besoins et préférences spécifiques. Par exemple, si ton hôtel rural attire principalement les passionnés de nature et les amateurs d'aventure, les efforts de marketing pourraient se concentrer sur la mise en valeur des paysages époustouflants et des activités de plein air exaltantes disponibles dans les environs. Deuxièmement, l'utilisation des plateformes de médias sociaux est vitale à l'ère numérique d'aujourd'hui. Avec l'utilisation généralisée des médias sociaux, ils sont devenus un outil incroyablement efficace à des fins de marketing. Créer une forte présence en ligne en établissant des comptes sur des plateformes telles que Facebook, Instagram et Twitter peut considérablement augmenter la visibilité de ton hôtel rural. Publier régulièrement du contenu de haute qualité qui met en valeur les caractéristiques et les expériences uniques que ton hôtel a à offrir peut aider à attirer des clients potentiels. Interagir avec les personnes qui te suivent en répondant rapidement aux messages et aux commentaires renforce encore ta présence en ligne et favorise un sentiment de service personnalisé. Les partenariats avec des entreprises et des organisations locales peuvent renforcer tes efforts de marketing. Collaborer avec des agences de voyage, des voyagistes et des attractions locales peut contribuer à accroître la visibilité de ton hôtel rural. En proposant des forfaits ou en établissant des partenariats avec ces entités, tu peux puiser dans leur clientèle et attirer des clients qui sont déjà intéressés par la découverte de la région. Cette relation mutuellement bénéfique peut étendre ta portée et générer des réservations supplémentaires. Participer activement à la communauté locale peut améliorer la réputation et la visibilité de ton hôtel. Le parrainage d'événements locaux ou l'offre de réductions spéciales aux résidents peut créer une publicité positive de bouche à oreille et augmenter la probabilité de visites répétées. Une autre stratégie marketing efficace pour les hôtels ruraux consiste à tirer parti des agences de voyage en ligne (OTA). Ces plateformes, telles que Booking.com et Airbnb, offrent un réseau de distribution plus large, ce qui permet à ton hôtel rural d'atteindre un public plus vaste. Faire de la publicité pour ton établissement sur ces OTA peut considérablement augmenter ta visibilité et ton exposition auprès des clients potentiels qui recherchent activement un hébergement. En appliquant des stratégies de prix compétitives et en proposant des forfaits ou des promotions attrayantes, ton hôtel rural peut se démarquer des nombreuses options disponibles sur ces plateformes. Se concentrer sur l'optimisation des moteurs de recherche (SEO) peut grandement améliorer tes campagnes de marketing. En optimisant ton site Web et ton contenu en ligne pour qu'ils apparaissent plus haut dans les résultats des moteurs de recherche, ton hôtel rural peut gagner en visibilité et attirer plus de trafic organique. L'utilisation de mots-clés pertinents que les clients potentiels sont susceptibles de rechercher peut améliorer considérablement le classement de ton site Web, ce qui augmente tes chances d'attirer des réservations. Employer une conception de site web adaptée aux mobiles et répondant aux besoins des mobiles est également crucial, car un nombre important de voyageurs font des demandes de réservation à l'aide de leurs smartphones ou de leurs tablettes. Le suivi et l'analyse du succès de tes campagnes marketing sont essentiels pour une amélioration continue. En examinant régulièrement des données telles que les analyses de sites Web, les mesures d'engagement sur les médias sociaux et les statistiques de réservation, tu peux identifier les domaines à améliorer et affiner tes stratégies de marketing en conséquence. Cette approche axée sur les données te permet de prendre des décisions éclairées et d'allouer des ressources aux canaux de marketing les plus efficaces. Recueillir les commentaires des clients par le biais de sondages ou d'avis en ligne peut fournir des informations précieuses sur leur expérience et aider à identifier les points à améliorer. Créer des campagnes de marketing attrayantes est essentiel pour les hôtels ruraux afin d'attirer les clients et de générer des réservations. En comprenant ton public cible, en utilisant les plateformes de médias sociaux, en établissant des partenariats avec des entreprises locales, en tirant parti des agences de voyage en ligne, en se concentrant sur le référencement et en surveillant les performances de la campagne, ton hôtel rural peut se démarquer efficacement dans le secteur concurrentiel de l'hôtellerie. Ces conseils constituent une base solide pour développer des campagnes de marketing réussies qui mettent en valeur les offres uniques de ton hôtel rural, faisant de ton rêve d'un hôtel rural prospère une réalité. Un aspect crucial de la création d'un hôtel rural est le choix du bon emplacement. Lorsque tu choisis un emplacement pour ton hôtel, il est essentiel de prendre en compte plusieurs facteurs. Tout d'abord, tu dois analyser la demande touristique dans la région que tu as choisie. Réaliser une étude de marché approfondie te permettra d'identifier le marché cible et d'évaluer la rentabilité potentielle de ton établissement. Il est crucial d'étudier la concurrence locale et de déterminer comment ton hôtel peut se démarquer des autres dans la région. Deuxièmement, l'accessibilité est essentielle. Assure-toi que l'emplacement est facilement accessible à tes clients cibles, à la fois en termes de transport et de commodités. La proximité des attractions et des activités est également importante, car elle peut améliorer l'expérience globale des clients. Il est recommandé de choisir un emplacement qui soit en accord avec le thème et le concept de ton hôtel. Par exemple, si tu veux créer un centre de villégiature écologique, choisis idéalement un emplacement avec une verdure luxuriante et un environnement naturel. En revanche, si ton hôtel met l'accent sur les activités de plein air telles que la randonnée ou la pêche, un emplacement près d'un parc national ou d'un lac conviendrait parfaitement. L'emplacement que tu choisis joue un rôle clé dans le succès de ton hôtel rural. Une fois que tu as trouvé un emplacement approprié pour ton hôtel rural, l'étape suivante consiste à élaborer un plan d'affaires complet. Un plan d'affaires bien conçu fait office de feuille de route pour ton entreprise, en décrivant tes objectifs, tes stratégies et tes prévisions financières. Commence par définir le concept et la proposition de vente unique de ton hôtel. Explique clairement ce qui différencie ton établissement des autres établissements du secteur. Identifie ton marché cible et élabore une stratégie marketing pour atteindre et attirer efficacement les clients potentiels. Effectuer une analyse approfondie de ta concurrence te permettra d'identifier les possibilités de différenciation et de formuler des stratégies pour en tirer parti. Décris ton plan opérationnel, y compris les besoins en personnel, la gestion des stocks et les services à la clientèle. De même, un plan financier est essentiel pour obtenir un financement et assurer la rentabilité de ton entreprise. Il doit comprendre un budget prévisionnel, des prévisions de revenus et une analyse du seuil de rentabilité. L'élaboration d'un plan d'affaires complet est une étape fondamentale dans la création d'un hôtel rural. La promotion de ton hôtel rural est aussi importante que le choix du bon emplacement et l'élaboration d'un plan d'affaires solide. Des stratégies de marketing efficaces peuvent influencer de manière significative le succès de ton entreprise. Pour commencer, il est crucial d'établir une présence en ligne. La création d'un site Web professionnel qui présente les caractéristiques, les services et les attractions uniques de ton hôtel est vitale. Utilise des techniques d'optimisation des moteurs de recherche pour t'assurer que ton site Web est bien classé dans les résultats des moteurs de recherche, ce qui augmente la visibilité et attire des clients potentiels. Exploite les plateformes de médias sociaux telles qu'Instagram, Facebook et Twitter pour t'engager auprès de ton public cible et promouvoir les offres de ton hôtel. Partage du contenu visuellement attrayant, notamment des photos époustouflantes de la nature et des activités environnantes, pour attirer des clients potentiels. Collaborer avec des influenceurs locaux ou des blogueurs de voyage peut t'aider à étendre ta portée et à accroître ta crédibilité. S'associer avec des agences de voyage, des voyagistes et d'autres entreprises d'accueil peut également aider à générer des réservations et des recommandations. Proposer des forfaits de prix compétitifs, des réductions et des promotions spéciales peut encourager les clients à choisir ton hôtel plutôt que la concurrence. Une stratégie marketing bien exécutée est essentielle pour promouvoir efficacement ton hôtel rural et attirer un flux régulier de clients. Plusieurs facteurs doivent être pris en compte pour ouvrir un hôtel rural avec succès. Il est crucial de choisir le bon emplacement qui correspond à ton concept d'hôtel et qui s'adresse à ton marché cible. Une étude de marché approfondie et une analyse de la concurrence t'aideront à prendre une décision éclairée. L'élaboration d'un plan d'affaires complet décrivant tes objectifs, tes stratégies et tes projections financières est essentielle pour obtenir un financement et assurer ta rentabilité. La promotion de ton hôtel rural par le biais de divers canaux, y compris les plateformes en ligne et les partenariats avec d'autres acteurs du secteur, est essentielle pour attirer les clients et réussir. En suivant ces étapes, tu peux faire de ton rêve de posséder un hôtel rural une réalité.

XII. CRÉER UNE FORTE PRÉSENCE EN LIGNE

Dans le monde de plus en plus numérique d'aujourd'hui, la création d'une forte présence en ligne est cruciale pour le succès de toute entreprise, y compris les hôtels ruraux. Avec l'avènement des médias sociaux et des agences de voyage en ligne, les clients potentiels ont une infinité d'options lorsqu'il s'agit de choisir un hébergement. Il est impératif pour les propriétaires d'hôtels ruraux de commercialiser efficacement leur établissement en ligne pour attirer les clients et se différencier de leurs concurrents. L'un des éléments clés pour établir une forte présence sur Internet est d'avoir un site Web attrayant et convivial. Ce site Web est la vitrine virtuelle de l'hôtel et doit fournir des informations complètes sur l'établissement, telles que des photos, des services, des types de chambres et des tarifs. Le site Web doit être optimisé pour les moteurs de recherche, en utilisant des mots clés pertinents pour le secteur de l'hôtellerie rurale, afin d'augmenter sa visibilité dans les pages de résultats des moteurs de recherche. Les médias sociaux constituent un autre outil important pour établir une présence en ligne. Les plateformes telles que Facebook, Instagram et Twitter permettent aux propriétaires d'hôtels d'interagir avec les clients potentiels et de présenter les caractéristiques uniques de leur établissement. Publier régulièrement du contenu attrayant, comme des photos des environs de l'hôtel ou des offres spéciales, peut aider à susciter l'intérêt et à accroître la notoriété de la marque. Il est également essentiel de répondre rapidement aux questions ou aux commentaires des utilisateurs pour maintenir une réputation en ligne positive. Les agences de voyage en ligne, telles que Booking.com ou Expedia, peuvent également jouer un rôle important dans la création d'une forte présence en ligne pour les hôtels ruraux. Ces plateformes permettent aux hôteliers d'atteindre un public plus large et d'augmenter leurs chances d'obtenir des réservations. Collaborer avec ces agences peut être bénéfique, car elles offrent souvent des outils de marketing précieux, tels que des annonces de recherche payantes ou des annonces en vedette, pour augmenter la visibilité de l'inscription de l'hôtel. Une autre stratégie pour renforcer la présence en ligne d'un hôtel rural consiste à utiliser des techniques d'optimisation des moteurs de recherche. Il s'agit d'optimiser le contenu du site Web de l'hôtel pour améliorer son classement dans les moteurs de recherche. En effectuant une recherche par mots-clés et en incorporant des mots-clés pertinents dans le contenu du site Web, les propriétaires d'hôtels peuvent augmenter la probabilité que leur établissement soit trouvé par des clients potentiels lorsqu'ils recherchent un hébergement dans une région donnée. La création d'un contenu informatif de haute qualité sur le site Web de l'hôtel, comme des articles de blog ou des guides locaux, peut aider à renforcer la crédibilité et à attirer le trafic organique des moteurs de recherche. La création de partenariats avec des entreprises locales et des influenceurs peut contribuer de manière significative à la présence en ligne d'un hôtel rural. Collaborer avec des attractions, des restaurants ou des voyagistes locaux peut aider les hôteliers à accroître leur visibilité au sein de la communauté locale et à tirer parti de leurs réseaux en ligne respectifs. De même, tendre la main aux influenceurs qui ont de nombreux adeptes en ligne et correspondent aux valeurs de l'hôtel peut accroître la visibilité de la marque, car ils peuvent promouvoir l'établissement auprès de leur public par le biais de publications sur les médias sociaux ou d'articles de blog. Le suivi et l'analyse de la présence en ligne de l'hôtel rural sont essentiels pour évaluer l'efficacité des stratégies marketing mises en œuvre et prendre des décisions éclairées sur les efforts futurs. En utilisant des outils d'analyse, tels que Google Analytics, les propriétaires d'hôtels peuvent obtenir des informations précieuses sur les performances de leur site Web, notamment le nombre de visiteurs, leur comportement sur le site et leur taux de conversion. En examinant régulièrement ces données, les hôteliers peuvent identifier les points à améliorer et ajuster leurs stratégies marketing en conséquence. Construire une forte présence en ligne est essentiel au succès des hôtels ruraux dans le paysage numérique d'aujourd'hui. En utilisant des outils tels que des sites Web attrayants, des plateformes de médias sociaux, des agences de voyage en ligne, des techniques d'optimisation des moteurs de recherche, des partenariats avec des entreprises locales et des influenceurs, et des outils d'analyse, les propriétaires d'hôtels peuvent commercialiser efficacement leur établissement en ligne et attirer davantage de clients. Une forte présence en ligne peut aider les hôtels ruraux à se démarquer de leurs concurrents et à réaliser leur rêve d'une entreprise florissante.

CONSTRUIRE UNE FORTE PRÉSENCE EN LIGNE POUR L'HÔTEL RURAL

Construire une forte présence en ligne est de la plus haute importance pour un hôtel rural. À l'ère du numérique, Internet est devenu le principal moyen pour les gens de faire des recherches, de planifier et de réserver leur hébergement de voyage. Il est crucial pour les hôtels ruraux d'établir une forte présence en ligne pour atteindre leur public cible. Tout d'abord, la création d'une forte présence en ligne permet aux hôtels ruraux de présenter leurs offres uniques et d'attirer des clients potentiels. Avec la popularité croissante des voyages expérientiels, les voyageurs recherchent désormais des expériences authentiques et immersives. Les hôtels ruraux offrent souvent un cadre paisible et pittoresque, loin de l'agitation de la vie urbaine. En ayant une forte présence en ligne, ces hôtels peuvent présenter leur environnement époustouflant, leurs hébergements charmants et leurs activités locales, donnant ainsi aux clients potentiels une idée de l'expérience à laquelle ils peuvent s'attendre. Grâce à des photographies, des vidéos et des visites virtuelles visuellement attrayantes, les hôtels ruraux peuvent transmettre efficacement leur proposition de valeur unique et se différencier des autres options d'hébergement. Deuxièmement, une forte présence en ligne permet aux hôtels ruraux d'établir leur crédibilité et de gagner la confiance des clients potentiels. Avant de faire une réservation, les voyageurs s'appuient souvent sur les avis et les évaluations en ligne pour prendre des décisions éclairées. En gérant activement les avis et en y répondant sur diverses plate-formes en ligne, les hôtels ruraux peuvent démontrer leur engagement en faveur de la satisfaction des clients et répondre aux préoccupations ou problèmes soulevés par les précédents clients. Les avis positifs et les témoignages peuvent également servir de caution, ce qui rend les clients potentiels plus confiants dans leur décision de choisir un hôtel rural en particulier. Avoir un site Web bien conçu et convivial crée une image professionnelle de l'hôtel, ce qui inspire confiance aux clients potentiels. Un autre avantage important de la création d'une forte présence en ligne est la possibilité de cibler et d'atteindre un public plus large. Contrairement aux méthodes de marketing traditionnelles, qui ont souvent une portée limitée, le marketing en ligne permet aux hôtels ruraux d'atteindre des clients potentiels du monde entier. En optimisant leur site Web pour les moteurs de recherche et en utilisant des publicités en ligne ciblées, les hôtels ruraux peuvent attirer un large éventail de clients spécifiquement intéressés par l'hébergement rural. Les plateformes de médias sociaux offrent aux hôtels ruraux un moyen de s'engager avec leur public, de partager des mises à jour et des promotions et de construire une communauté d'adeptes fidèles. Grâce à des publicités ciblées et à la création de contenus stratégiques, les hôtels ruraux peuvent étendre leur portée et attirer des clients passionnés par les expériences rurales. Créer une forte présence en ligne permet aux hôtels ruraux de rester compétitifs et au fait des tendances du secteur. Le paysage numérique est en constante évolution et les hôtels ruraux doivent s'adapter aux attentes et aux comportements changeants des voyageurs modernes. En adoptant des stratégies de marketing numérique telles que l'optimisation des moteurs de recherche (SEO), la publicité payante (PPC) et le marketing des médias sociaux, les hôtels ruraux peuvent rester en tête de la concurrence et s'assurer que leur marque reste visible et pertinente. En tirant parti des outils d'analyse en ligne et de suivi des données, les hôtels ruraux peuvent mieux comprendre les préférences, les comportements et les habitudes de réservation de leurs clients, ce qui leur permet d'adapter leurs offres et leurs services aux attentes de leur marché cible. Construire une forte présence en ligne est vital pour les hôtels ruraux, car cela leur permet de présenter leurs offres uniques, d'établir leur crédibilité, d'atteindre un public plus large et de rester compétitifs dans un paysage numérique en constante évolution. En investissant dans un site Web bien conçu, en gérant activement les avis en ligne et en interagissant avec leur public cible sur les médias sociaux, les hôtels ruraux peuvent promouvoir efficacement leur marque, attirer des clients potentiels et, en fin de compte, connaître un succès à long terme. Dans un monde de plus en plus numérique, on ne saurait trop insister sur l'importance de créer une forte présence en ligne, et les hôtels ruraux doivent adopter des stratégies de marketing numérique pour prospérer dans l'industrie hôtelière compétitive d'aujourd'hui.

CRÉER UN SITE WEB ATTRAYANT, OPTIMISER LE CLASSEMENT DANS LES MOTEURS DE RECHERCHE ET S'INTÉRESSER AUX COMMENTAIRES EN LIGNE

La création d'un site Web attrayant, l'optimisation du classement dans les moteurs de recherche et l'engagement avec les avis en ligne sont essentiels à la réussite d'un hôtel rural. Tout d'abord, lors de la conception d'un site Internet, il est essentiel de prendre en compte l'expérience globale de l'utilisateur. Le site Web doit avoir un design attrayant et professionnel qui reflète le charme unique de l'hôtel. Il est important d'inclure des photos de haute qualité de la propriété, montrant son magnifique environnement et ses espaces intérieurs. Le site Web doit avoir des menus de navigation clairs et un contenu bien organisé, facile à trouver et à comprendre pour les visiteurs. Il est également essentiel de s'assurer que le site est adapté aux mobiles, car une part importante des utilisateurs accèdent à Internet via leurs smartphones et leurs tablettes. Ensuite, pour optimiser le classement dans les moteurs de recherche, les hôteliers doivent mettre en œuvre des stratégies efficaces d'optimisation des moteurs de recherche (SEO). Cela commence par la réalisation d'une recherche de mots-clés pour identifier les termes les plus pertinents et les plus recherchés en rapport avec l'hôtel et ses offres. Ces mots-clés doivent être incorporés dans tout le contenu du site Web, y compris les titres de page, les en-têtes, les méta-descriptions et les balises alt des images. Il est également important de mettre à jour régulièrement le site Web et d'y ajouter du nouveau contenu, comme des articles de blog, afin d'attirer les robots des moteurs de recherche et de garder le site frais et pertinent. En plus du référencement sur la page, des stratégies hors page doivent également être employées pour améliorer le classement dans les moteurs de recherche. Il s'agit notamment d'obtenir des liens retour à partir de sites Web et d'annuaires de confiance, ainsi que d'utiliser les plateformes de médias sociaux pour partager et promouvoir le contenu de l'hôtel. S'engager auprès d'influenceurs et de blogueurs locaux peut également être un moyen efficace d'améliorer la visibilité et de générer du trafic organique vers le site Web. Participer aux commentaires en ligne est crucial pour maintenir une réputation positive et attirer des clients potentiels. Les propriétaires d'hôtels devraient surveiller régulièrement les avis positifs et négatifs sur des plateformes telles que TripAdvisor, Google et Yelp, et y répondre. Répondre rapidement et de manière professionnelle aux avis négatifs montre que l'hôtel accorde de l'importance aux commentaires des clients et qu'il s'efforce activement de résoudre les problèmes. Il est important de s'excuser pour toute expérience négative et de proposer des solutions ou des compensations le cas échéant. Cela permet non seulement de résoudre les problèmes des clients mécontents, mais aussi de démontrer l'engagement de l'hôtel à fournir un excellent service à la clientèle. Encourager les clients à laisser des avis est également essentiel pour la gestion de la réputation en ligne. Après le séjour d'un client, il peut être utile de lui envoyer un courriel de suivi pour le remercier d'avoir choisi l'hôtel et lui demander poliment de laisser un avis. Il est important de rendre ce processus aussi facile que possible en fournissant des liens directs vers des sites d'avis ou en incluant un court sondage auquel les clients doivent répondre. Proposer des incitations, comme une réduction sur un prochain séjour ou un surclassement gratuit, peut également encourager les clients à laisser des avis positifs. La création d'un site Web attrayant, l'optimisation du classement dans les moteurs de recherche et l'engagement avec les avis en ligne sont des étapes essentielles pour assurer le succès d'un hôtel rural. Un site Web bien conçu qui offre une expérience utilisateur positive et met en valeur les caractéristiques uniques de l'hôtel attirera les clients potentiels et les encouragera à réserver leur séjour. L'application de stratégies efficaces de référencement sur la page et hors page améliorera la visibilité dans les résultats des moteurs de recherche et augmentera le trafic organique vers le site Web. Répondre de façon proactive aux commentaires en ligne, qu'ils soient positifs ou négatifs, aidera à maintenir une réputation positive et à démontrer un engagement à offrir un excellent service à la clientèle. En suivant ces étapes, les propriétaires d'hôtels ruraux peuvent créer une présence en ligne réussie et attirer des clients dans leur établissement.

UTILISER LES PLATEFORMES DE MÉDIAS SOCIAUX ET LES AGENCES DE VOYAGE EN LIGNE POUR ATTEINDRE UN PUBLIC PLUS LARGE

L'utilisation des plateformes de médias sociaux et des agences de voyage en ligne (OTA) est essentielle pour atteindre un public plus large pour ton hôtel rural. Les plateformes de médias sociaux telles que Facebook, Instagram et Twitter offrent la possibilité de présenter les offres uniques de ton hôtel et d'interagir avec les clients potentiels. Il est crucial de créer un contenu de haute qualité qui soit visuellement attrayant, informatif et engageant. En publiant des mises à jour régulières sur les équipements de ton hôtel, les vues panoramiques et les attractions locales, tu peux capter l'intérêt des voyageurs à la recherche d'une expérience unique et mémorable. En interagissant activement avec ton public par le biais de commentaires, de likes et de partages, tu peux engager tes followers et générer une portée organique. Collaborer avec des influenceurs des médias sociaux ou des entreprises locales peut également améliorer la visibilité de ton hôtel et attirer plus de visiteurs. Les agences de voyage en ligne, telles que Booking.com, Expedia et Airbnb, peuvent augmenter considérablement la visibilité de ton hôtel en l'incluant sur leurs plateformes. Ces OTA disposent d'une large base de clients, ce qui te permet d'atteindre des voyageurs qui n'auraient pas découvert ton hôtel rural autrement. Pour utiliser efficacement les OTA, il est important d'optimiser ton annonce avec des photos de haute qualité, des descriptions détaillées et des prix compétitifs. Mettre régulièrement à jour tes disponibilités et répondre rapidement aux demandes de renseignements peut également améliorer le classement et la visibilité de ton hôtel sur ces plateformes. S'appuyer uniquement sur les plateformes de médias sociaux et les OTA peut ne pas être suffisant pour atteindre un public plus large. Il est crucial de tirer parti d'autres stratégies de marketing, telles que l'optimisation des moteurs de recherche (SEO), le marketing par courriel et les partenariats locaux, pour compléter ta présence en ligne. Le référencement peut améliorer la visibilité de ton hôtel dans les moteurs de recherche et générer du trafic organique vers ton site Internet. Pour optimiser ton site Web, concentre-toi sur l'utilisation de mots-clés pertinents, sur la création d'un contenu attrayant et sur la garantie d'une expérience conviviale. Le marketing par courriel peut être un outil puissant pour entretenir les relations avec les anciens clients et encourager les clients fidèles à revenir. En envoyant régulièrement des bulletins d'information, des promotions et des offres personnalisées, tu peux garder une longueur d'avance et générer des réservations répétées. Former des partenariats stratégiques avec des entreprises locales, telles que des voyagistes, des restaurants et des organisateurs d'événements, peut considérablement améliorer la visibilité de ton hôtel dans la communauté locale et attirer les voyageurs à la recherche d'une expérience holistique. En faisant la promotion des entreprises des uns et des autres par le biais des médias sociaux, de promotions conjointes ou de programmes de recommandation, tu peux puiser dans la base de clientèle de chacun et bénéficier des avantages de l'un et de l'autre. L'utilisation des plateformes de médias sociaux et des agences de voyage en ligne est cruciale pour atteindre un public plus large pour ton hôtel rural. Avec les bonnes stratégies, tu peux utiliser efficacement les médias sociaux pour présenter l'offre unique de ton hôtel, engager les clients potentiels et les fidéliser. Faire de la publicité pour ton hôtel sur des OTA réputées peut augmenter considérablement ton exposition et attirer des voyageurs qui n'auraient peut-être pas découvert ton établissement autrement. Il est important de ne pas compter uniquement sur ces plateformes et de compléter ta présence en ligne par d'autres stratégies marketing, telles que le référencement, le marketing par courriel et les partenariats locaux. En mettant en œuvre un plan marketing complet, tu peux maximiser la visibilité de ton hôtel, attirer un public plus large et finalement créer un hôtel rural. Une autre étape cruciale dans la création d'un hôtel rural consiste à choisir le bon emplacement. L'emplacement joue un rôle essentiel dans la détermination du succès de ton entreprise, car il peut soit attirer, soit dissuader les clients potentiels. Lorsque tu envisages des emplacements potentiels, il est important de prendre en compte des facteurs tels que l'accessibilité, la beauté naturelle et la proximité des attractions touristiques. L'accessibilité est cruciale, car elle détermine la facilité avec laquelle les clients peuvent se rendre à ton hôtel. Idéalement, l'emplacement doit être bien relié aux principaux centres de transport tels que les aéroports ou les autoroutes. Ainsi, les clients pourront facilement se rendre à ton hôtel et en repartir sans inconvénient. Il est important de prendre en compte la beauté naturelle de l'endroit, car elle peut améliorer l'expérience globale des clients. Un cadre pittoresque avec de beaux paysages ou des vues panoramiques peut être une grande attraction pour les touristes à la recherche d'un séjour paisible et relaxant. Le choix d'un emplacement à proximité d'attractions touristiques populaires peut aussi grandement bénéficier à ton entreprise. Être proche de monuments, de sites historiques ou de merveilles naturelles peut attirer plus de visiteurs et augmenter la demande pour ton hôtel. En plus de ces facteurs, il est important de prendre en compte la communauté locale et le système de soutien. Une communauté locale forte qui offre des ressources et du soutien peut contribuer grandement au succès de ton hôtel. Il s'agit notamment d'avoir accès à des fournisseurs locaux de nourriture et d'autres fournitures nécessaires, ainsi qu'à un réseau d'entreprises et d'organisations locales qui peuvent collaborer avec ton hôtel pour offrir des expériences uniques aux clients. Une fois l'emplacement choisi, il est crucial de se concentrer sur le marketing de ton entreprise pour attirer les clients. À l'ère du numérique, avoir une forte présence en ligne est essentiel pour toute entreprise. Créer un site Web professionnel pour ton hôtel rural est un excellent moyen de présenter tes offres et d'attirer des clients potentiels. Le site Web doit inclure des informations détaillées sur l'hôtel, telles que ses installations, ses services et ses tarifs. L'inclusion de photos de haute qualité des chambres de l'hôtel, des espaces communs et des paysages environnants peut aider à créer un attrait visuel et à inciter les clients potentiels à réserver un séjour. Parallèlement à un site web, l'utilisation de plateformes de médias sociaux telles que Facebook, Instagram et Twitter peut être un moyen efficace d'atteindre un public plus large et de construire une base de clients fidèles. Les médias sociaux te permettent d'interagir avec ton public cible, de partager des mises à jour et des promotions, et de répondre aux questions ou aux commentaires des clients en temps opportun. Un autre aspect important de la promotion de ton hôtel rural est de se concentrer sur les efforts de marketing local. Il s'agit notamment de collaborer avec les entreprises locales, les offices de tourisme ou les agences de voyage pour créer des forfaits ou des offres exclusives pour les touristes. Participer à des événements ou festivals locaux peut aider à faire connaître ton hôtel et à susciter de l'intérêt pour lui. Offrir des réductions ou des promotions spéciales pendant ces événements peut encourager davantage les clients potentiels à choisir ton hôtel. Le marketing de bouche à oreille peut également être un outil puissant pour promouvoir ton hôtel rural. Offrir un service client exceptionnel et des expériences mémorables à tes clients peut les encourager à passer le mot et à recommander ton hôtel à leurs amis et à leur famille. La mise en place d'un programme de recommandation qui récompense les clients qui recommandent de nouveaux clients peut également contribuer à générer une publicité positive de bouche à oreille. Plusieurs facteurs sont à prendre en compte lors de la création d'un hôtel rural, notamment le choix du bon emplacement et la mise en œuvre de stratégies de marketing efficaces. Le choix d'un emplacement facilement accessible, offrant une beauté naturelle et proche des attractions touristiques est crucial pour attirer les clients. Avoir une forte présence en ligne grâce à un site Web professionnel et des comptes de médias sociaux actifs est important pour promouvoir l'hôtel. Collaborer avec des entreprises locales et participer à des événements locaux peut également contribuer à faire connaître l'hôtel et à susciter de l'intérêt pour lui. En suivant ces étapes, les hôteliers en herbe peuvent réaliser leur rêve de posséder un hôtel rural.

XIII. OFFRIR DES EXPÉRIENCES MÉMORABLES AUX CLIENTS

Offrir des expériences mémorables aux clients est un aspect crucial de la gestion d'un hôtel rural réussi. Dans le secteur compétitif de l'hôtellerie, il ne suffit pas d'offrir un hébergement confortable et un bon service ; les clients en veulent plus. Ils veulent se sentir liés au lieu qu'ils visitent, vivre des expériences uniques qu'ils pourront garder précieusement toute leur vie. Il est important que les propriétaires d'hôtels ruraux fassent un effort supplémentaire pour créer des moments inoubliables pour leurs clients. L'une des façons d'offrir des expériences mémorables aux clients est de tirer parti de la beauté naturelle et du charme de l'emplacement rural. De nombreux hôtels ruraux sont situés dans des endroits pittoresques, entourés de paysages à couper le souffle et de merveilles naturelles. En vantant ces caractéristiques et en proposant des activités qui permettent aux clients de s'immerger totalement dans la beauté de l'environnement, les propriétaires d'hôtels peuvent créer des expériences qui resteront dans la mémoire de leurs clients longtemps après la fin de leur séjour. Par exemple, l'organisation de randonnées guidées ou de promenades dans la nature le long des sentiers avoisinants, l'organisation d'excursions d'observation de la faune ou même l'offre de cours de yoga en plein air peuvent donner aux clients l'occasion de se connecter avec la nature et de créer des souvenirs uniques. En plus de profiter de la beauté naturelle du lieu, les propriétaires d'hôtels ruraux peuvent également offrir des expériences mémorables en intégrant la culture et les traditions locales dans leurs offres. Les zones rurales ont souvent un riche patrimoine culturel qui peut être partagé avec les clients par le biais de diverses activités et événements. Par exemple, l'organisation de cours de cuisine où les clients apprennent à préparer des plats locaux traditionnels, l'organisation d'ateliers d'artisanat où ils apprennent des techniques artisanales traditionnelles ou l'organisation de spectacles de musique et de danse locales peut donner aux clients un aperçu de la culture locale et laisser une impression durable. Un autre aspect important pour offrir des expériences mémorables aux clients est un service personnalisé et attentif. Les hôtels ruraux ont souvent l'avantage d'être plus petits et plus intimes que leurs homologues urbains, ce qui permet d'offrir un service plus personnalisé. Les propriétaires et le personnel de l'hôtel peuvent passer du temps à apprendre à connaître leurs clients, à anticiper leurs besoins et à leur offrir des recommandations et une assistance sur mesure. Cette touche personnalisée peut faire en sorte que les clients se sentent valorisés et spéciaux, et que leur expérience à l'hôtel rural soit vraiment mémorable. Créer un sentiment de communauté et favoriser les liens entre les clients peut également contribuer à des expériences mémorables. Les hôtels ruraux attirent souvent des clients en quête d'évasion et de tranquillité, et le fait de leur offrir des possibilités d'interaction et de socialisation peut améliorer leur séjour. Par exemple, l'organisation de repas en commun où les clients peuvent partager des plats traditionnels et des histoires, l'organisation de dégustations de vins ou d'autres événements culturels qui encouragent la socialisation et le réseautage, ou la création d'espaces communs tels que des salons extérieurs ou des feux de camp où les clients peuvent se rassembler et se connecter les uns aux autres peuvent contribuer à favoriser un sentiment de communauté et à créer des souvenirs inoubliables. Le fait de prêter attention aux détails et d'en faire un peu plus peut faire une grande différence pour offrir des expériences mémorables aux invités. Qu'il s'agisse d'offrir des commodités et des services inattendus ou d'organiser des surprises ou des célébrations pour des occasions spéciales, ces petits gestes peuvent laisser une impression durable sur les invités. Demander aux clients de faire part de leurs commentaires et s'efforcer continuellement d'améliorer l'expérience des clients est essentiel pour que l'hôtel réponde à leurs attentes et les dépasse. Offrir des expériences mémorables aux clients est primordial pour gérer un hôtel rural avec succès. En tirant parti de la beauté naturelle du lieu, en intégrant la culture et les traditions locales, en offrant un service personnalisé et attentif, en encourageant le sens de la communauté et en prêtant attention aux détails, les propriétaires d'hôtels ruraux peuvent créer des expériences qui resteront dans la mémoire de leurs clients longtemps après la fin de leur séjour. Ce sont ces moments inoubliables qui donneront envie aux clients de revenir et de recommander l'hôtel rural à d'autres personnes, assurant ainsi son succès à long terme dans le secteur compétitif de l'hôtellerie.

DES EXPÉRIENCES CLIENTS UNIQUES POUR LE SUCCÈS DE L'HÔTEL RURAL

Des expériences clients exceptionnelles sont primordiales pour le succès d'un hôtel rural, car elles lui confèrent un avantage concurrentiel dans le secteur saturé de l'hôtellerie. Dans le monde connecté numériquement d'aujourd'hui, où les voyageurs ont accès à une multitude d'informations et de choix, il est crucial que les hôtels ruraux se différencient en proposant des expériences mémorables et uniques. Ces expériences exceptionnelles pour les clients permettent non seulement d'attirer de nouveaux clients, mais aussi de les fidéliser et de les recommander positivement par le bouche-à-oreille. Les hôtels ruraux sont intrinsèquement situés dans des paysages pittoresques, loin de l'agitation de la vie urbaine, ce qui en fait des destinations idéales pour ceux qui recherchent la tranquillité et un lien étroit avec la nature. En tirant parti de la beauté naturelle et du charme de leur environnement, les hôtels ruraux peuvent créer pour leurs clients des expériences exceptionnelles qui laissent une impression durable à leurs visiteurs. Qu'il s'agisse d'organiser des promenades guidées dans la nature, des expéditions d'observation des oiseaux ou des aventures à cheval, ces activités permettent aux clients de s'immerger dans le caractère unique de l'environnement rural. S'engager auprès des communautés et des cultures locales peut offrir aux hôtes une expérience authentique et enrichissante. Organiser des festivals culturels, des cours de cuisine locale ou s'associer avec des artisans locaux pour proposer des ateliers d'artisanat ne sont que quelques-unes des façons dont les hôtels ruraux peuvent créer des expériences exceptionnelles pour leurs clients. Ces interactions améliorent non seulement l'expérience globale des clients, mais contribuent également au développement durable de la communauté locale. La qualité du service fourni par les hôtels ruraux est fondamentale pour garantir des expériences exceptionnelles aux clients. Du moment où un client entre dans l'hôtel jusqu'à son départ, chaque interaction avec le personnel doit être personnalisée, professionnelle et attentive. Il s'agit notamment d'offrir un accueil chaleureux, de fournir des informations complètes sur les attractions et les activités locales, de répondre rapidement aux préoccupations ou aux demandes des clients et de les remercier sincèrement pour leur clientèle. Un personnel bien formé et passionné par son travail peut faire une différence significative dans l'expérience globale des clients, en veillant à ce qu'ils se sentent appréciés et bien pris en charge tout au long de leur séjour. L'infrastructure physique et les équipements d'un hôtel rural jouent un rôle crucial dans la création d'expériences exceptionnelles pour les clients. Des chambres spacieuses, propres et bien équipées offrant toutes les commodités nécessaires sont essentielles. Les vérandas, les jardins ou les sièges extérieurs offrent aux clients la possibilité de se détendre et de s'imprégner de la beauté naturelle des environs. Disposer d'une variété d'installations de loisirs, telles que des piscines, des traitements de spa ou des centres de fitness, peut améliorer l'expérience globale des clients en leur offrant des options de relaxation et de rajeunissement. Profite de la technologie pour améliorer l'expérience des clients sans nuire au charme rustique d'un hôtel rural. Proposer des processus d'enregistrement et de départ fluides, fournir une connectivité Internet à haut débit et équiper les chambres d'équipements modernes tels que des téléviseurs intelligents et des systèmes audio de haute qualité peut ajouter une touche de confort et de luxe à l'expérience des clients. Les plateformes numériques et les médias sociaux peuvent être utilisés pour tenir les clients informés des événements à venir, des promotions et des forfaits spéciaux, en veillant à ce que leur séjour soit adapté à leurs préférences et à leurs intérêts. Des expériences exceptionnelles pour les clients sont indispensables au succès des hôtels ruraux. En tirant parti des caractéristiques uniques de leur emplacement, en s'engageant auprès des communautés locales, en fournissant un service personnalisé et en offrant une infrastructure physique et des services bien conçus, les hôtels ruraux peuvent créer des expériences mémorables et exceptionnelles pour leurs clients. Ces expériences exceptionnelles attirent non seulement de nouveaux clients, mais favorisent également la fidélité, les recommandations positives de bouche à oreille et contribuent finalement au succès à long terme et à la durabilité des hôtels ruraux.

DES STRATÉGIES POUR CRÉER DES OFFRES UNIQUES, DES SERVICES PERSONNALISÉS ET DES EXPÉRIENCES LOCALES

Pour se démarquer dans le secteur concurrentiel de l'hôtellerie, les hôtels ruraux doivent proposer des offres uniques, telles que des services personnalisés et des expériences locales. Une stratégie pour créer des services personnalisés consiste à se concentrer sur les besoins individuels et les préférences de chaque client. Par exemple, les hôtels peuvent proposer des kits de bienvenue personnalisés adaptés aux intérêts et aux préférences du client, comprenant des cartes locales, des recommandations sur les attractions à proximité et des salutations personnalisées. Une autre stratégie consiste à proposer des expériences gastronomiques personnalisées. Les hôtels ruraux peuvent proposer des expériences de restauration de la ferme à la table, où les clients peuvent déguster des ingrédients d'origine locale et entrer en contact avec la communauté locale. Les hôtels peuvent proposer des activités et des services sur mesure adaptés aux centres d'intérêt des clients, comme des randonnées guidées à pied ou à vélo, des cours de cuisine locale ou des dégustations de vin dans les vignobles voisins. En offrant ces services personnalisés, les hôtels ruraux peuvent améliorer l'expérience des clients et créer un sentiment d'exclusivité et d'unicité. Une autre stratégie pour créer des offres uniques consiste à proposer des expériences locales aux clients. Une façon d'y parvenir est de s'associer avec des entreprises et des artisans locaux. Par exemple, les hôtels peuvent collaborer avec des agriculteurs et des artisans locaux pour offrir aux clients la possibilité de participer ou d'observer des métiers traditionnels, tels que la fabrication de poteries, le tissage ou la fabrication de fromages. Cela permet non seulement aux clients de découvrir la culture et les traditions locales, mais aussi de soutenir l'économie locale et de promouvoir le tourisme durable. Les hôtels peuvent organiser des événements culturels et des festivals où les clients peuvent découvrir la musique, la danse et la cuisine locales. Cela crée un sentiment d'immersion dans la culture locale et offre aux clients des expériences mémorables et authentiques. Les hôtels peuvent organiser des visites d'attractions locales et de lieux d'intérêt, tels que des sites historiques, des parcs naturels ou des marchés locaux, ce qui permet aux clients d'explorer et d'apprendre l'histoire, la géographie et les traditions de la région. En proposant ces expériences locales, les hôtels ruraux peuvent se différencier de leurs concurrents et attirer des clients à la recherche d'une expérience de voyage authentique et immersive. Pour mettre en œuvre efficacement ces stratégies, les hôtels ruraux doivent réaliser des études de marché approfondies afin d'identifier les besoins et les préférences de leur public cible. En comprenant les intérêts et les attentes des clients potentiels, les hôtels peuvent développer des services personnalisés et des expériences locales qui répondent à leurs désirs. Les hôtels doivent établir des relations solides avec les entreprises et les artisans locaux, en forgeant des partenariats qui profitent aux deux parties. Cette collaboration permet non seulement d'enrichir l'expérience des clients, mais aussi de donner aux hôtels l'accès à des produits et services locaux uniques. Les hôtels devraient également investir dans la formation du personnel pour s'assurer que les employés disposent des connaissances et des compétences nécessaires pour offrir des services personnalisés et des expériences locales. Les membres du personnel devraient connaître la culture, les attractions et les traditions locales et être en mesure d'offrir des recommandations précises et enthousiastes aux clients. En investissant dans la formation du personnel, les hôtels peuvent s'assurer que leurs employés sont des ambassadeurs de la culture locale et contribuent à la satisfaction globale des clients. Les hôtels peuvent tirer parti de la technologie pour améliorer leurs services personnalisés et promouvoir leurs expériences locales. En mettant en place des systèmes de gestion de la relation client (CRM), les hôtels peuvent recueillir et stocker les informations, les préférences et les opinions des clients, ce qui leur permet d'anticiper leurs besoins et d'y répondre. Ces données peuvent également être utilisées pour adapter les stratégies marketing et promotionnelles à des groupes cibles spécifiques, ce qui permet aux hôtels d'atteindre efficacement le public souhaité. Les hôtels peuvent utiliser des plateformes technologiques, telles que les applications mobiles ou les médias sociaux, pour fournir aux clients des recommandations et des suggestions personnalisées pendant leur séjour. Par exemple, les hôtels peuvent développer des applications mobiles qui fournissent aux clients des mises à jour en temps réel sur les événements, les offres et les attractions locales, ce qui leur permet de profiter au maximum de leur séjour. En adoptant la technologie, les hôtels ruraux peuvent optimiser leurs services personnalisés et promouvoir leurs offres uniques auprès d'un public plus large. Pour créer des offres uniques, les hôtels ruraux doivent se concentrer sur l'offre de services personnalisés et d'expériences locales. En adaptant leurs services aux besoins individuels et aux préférences de leurs clients et en proposant des expériences locales authentiques et immersives, les hôtels ruraux peuvent se démarquer dans le secteur concurrentiel de l'hôtellerie. En réalisant des études de marché approfondies, en établissant des partenariats solides, en investissant dans la formation du personnel et en tirant parti de la technologie, les hôtels peuvent mettre en œuvre ces stratégies de manière efficace et créer une expérience mémorable et distinctive pour leurs clients.

EXEMPLES D'HÔTELS RURAUX QUI ONT RÉUSSI À DONNER LA PRIORITÉ À L'EXPÉRIENCE DES CLIENTS ET QUI ONT REÇU DES COMMENTAIRES POSITIFS

The Farm at Cape Kidnappers, en Nouvelle-Zélande, est un hôtel rural qui a donné la priorité à l'expérience de ses clients et a reçu des commentaires positifs. Situé sur une ferme d'élevage de moutons et de bovins de 6 000 acres, cet hébergement de luxe offre une expérience unique et immersive à ses clients. L'engagement de l'hôtel à offrir des expériences exceptionnelles à ses clients se manifeste à travers sa gamme d'activités et de services. Les clients peuvent participer à des activités telles que l'équitation, des visites de fermes et même jouer une partie de golf sur le terrain de golf de renommée mondiale de l'hôtel. L'hôtel propose également un spa et un centre de bien-être, permettant aux clients de se détendre et de se ressourcer pendant leur séjour. The Farm at Cape Kidnappers a reçu de nombreux éloges de la part de ses clients pour son service impeccable et son souci du détail. Les membres du personnel font tout leur possible pour que les clients passent un séjour mémorable et agréable. Le service personnalisé et l'hospitalité chaleureuse ont donné lieu à de nombreuses critiques positives et à des visiteurs assidus.

Le Fogo Island Inn, au Canada, est un autre hôtel rural qui a su donner la priorité à l'expérience de ses clients. Situé sur une île isolée au large de la côte de Terre-Neuve, cet hôtel de charme allie un design moderne à l'artisanat traditionnel et aux traditions locales. L'engagement de l'hôtel à offrir des expériences authentiques à ses clients se manifeste à travers ses programmes d'immersion culturelle. Les clients peuvent participer à des activités telles que la pêche à la morue, l'observation des icebergs et la randonnée le long de la côte accidentée. L'hôtel propose également des ateliers et des cours mettant en valeur les arts et l'artisanat locaux, ce qui permet aux clients de s'engager auprès de la communauté et de découvrir la culture unique de l'île. L'auberge de l'île Fogo a reçu des critiques élogieuses pour son dévouement à la préservation du patrimoine local et pour l'expérience inoubliable qu'elle offre à ses clients. Les clients apprécient la possibilité de se rapprocher de la communauté locale et de s'immerger dans les riches traditions de l'île. Blackberry Farm, dans le Tennessee, aux États-Unis, est un autre exemple d'hôtel rural réussi qui a donné la priorité à l'expérience des clients. Ce complexe de luxe et cette ferme en activité sont nichés dans les Great Smoky Mountains et offrent une expérience tranquille et immersive aux clients. L'engagement de l'hôtel en faveur d'expériences culinaires exceptionnelles le distingue des autres. Avec plusieurs restaurants sur place, les clients profitent d'une cuisine de la ferme à la table en utilisant des ingrédients d'origine locale. L'hôtel propose également des cours de cuisine et des dégustations de vins, permettant aux clients d'apprendre auprès de chefs et de sommeliers renommés. L'attention portée aux détails dans les offres culinaires a valu à l'hôtel de nombreuses accolades et commentaires positifs de la part des clients. L'engagement de l'hôtel à offrir des expériences exceptionnelles aux clients s'étend au-delà des options de restauration. Avec des activités telles que la randonnée, le yoga et les services de spa, les clients ont une variété d'options pour se détendre et profiter de la beauté naturelle qui entoure la propriété. Le service personnalisé et l'attention portée aux détails ont permis de fidéliser la clientèle et d'obtenir des recommandations positives. Il existe plusieurs hôtels ruraux performants qui ont donné la priorité aux expériences des clients et ont reçu des commentaires positifs. Ces hôtels, tels que The Farm at Cape Kidnappers, the Fogo Island Inn et Blackberry Farm, ont démontré leur engagement à offrir des expériences exceptionnelles aux clients grâce à un éventail d'activités, de commodités et de services personnalisés. Que ce soit par le biais de programmes culturels immersifs, d'offres culinaires ou d'activités de plein air, ces hôtels se sont surpassés pour garantir à leurs clients un séjour inoubliable. Les commentaires positifs et les éloges des clients témoignent de leur dévouement à créer une expérience mémorable et agréable pour chaque visiteur. Lors de l'ouverture d'un hôtel rural, il y a de nombreuses considérations à prendre en compte. Tout d'abord, il est crucial de choisir le bon emplacement. Idéalement, l'hôtel doit être situé dans une région connue pour sa beauté naturelle et ses attractions touristiques. Cela garantira un flux régulier de visiteurs et augmentera les chances de succès. Il est important de réaliser une étude de marché pour déterminer à quel point la région est saturée par d'autres options d'hébergement. Si le marché est déjà saturé, il peut être nécessaire d'envisager un emplacement différent ou de trouver un argument de vente unique qui différencie l'hôtel de ses concurrents. Une fois l'emplacement choisi, l'étape suivante consiste à obtenir les permis et licences nécessaires. Ce processus peut être complexe et prendre du temps, mais il est essentiel pour s'assurer que l'hôtel fonctionne légalement et respecte toutes les normes de santé et de sécurité. Il est conseillé de consulter un avocat ou un conseiller commercial spécialisé dans l'industrie hôtelière pour te guider dans cette démarche. Un autre aspect essentiel de la création d'un hôtel rural est l'élaboration d'un plan d'affaires complet. Ce plan doit comprendre des détails sur le marché cible de l'hôtel, l'analyse des concurrents, les stratégies de marketing, les prévisions financières et les besoins en personnel. Un plan d'affaires bien élaboré sert non seulement de feuille de route pour l'avenir, mais permet également d'attirer des investisseurs potentiels ou d'obtenir un financement auprès d'institutions financières. En plus d'un plan d'affaires solide, il est essentiel de créer une marque distinctive pour l'hôtel. Cela comprend le choix d'un nom mémorable, la conception d'un logo et d'un site Web attrayants, et le développement d'une identité unique qui résonne avec le marché cible. La marque doit refléter les valeurs de l'hôtel, telles que la durabilité ou l'authenticité locale, et le différencier des autres options d'hébergement de la région. Une fois que l'hôtel est opérationnel, il est crucial de donner la priorité au service à la clientèle. Un personnel chaleureux, amical et attentif peut faire toute la différence pour offrir une expérience exceptionnelle aux clients. Former le personnel à anticiper les besoins des clients, à gérer efficacement les plaintes et à se surpasser pour dépasser les attentes est essentiel pour créer un bouche-à-oreille positif et fidéliser les clients. Investir dans un service de qualité, des chambres confortables et des installations propres contribuera à la satisfaction des clients et encouragera les commentaires positifs. Le marketing et la promotion de l'hôtel sont essentiels pour attirer les clients et faire connaître la marque. Il est crucial d'utiliser différents canaux de marketing, tels que les médias sociaux, la publicité numérique, la presse écrite et les partenariats avec les attractions touristiques locales ou les agences de voyage. S'engager avec les clients potentiels sur les plateformes de médias sociaux et maintenir une présence active en ligne peut aider à générer du buzz et à favoriser les réservations. Proposer des promotions ou des forfaits spéciaux, tels que des retraites pour couples ou des week-ends d'aventure, peut attirer des clients potentiels et différencier l'hôtel de ses concurrents. Une autre stratégie à envisager est de s'associer avec des fournisseurs et des entreprises locales. En s'approvisionnant en produits et services auprès de fournisseurs proches ou en s'engageant dans des collaborations mutuellement bénéfiques, les hôtels ruraux peuvent soutenir l'économie locale et offrir des expériences uniques à leurs clients. Il peut s'agir d'utiliser des ingrédients locaux dans le restaurant ou le bar de l'hôtel, d'organiser des visites guidées ou des ateliers avec des artisans locaux, ou de s'associer avec des vignobles ou des fermes des environs pour les activités des clients. Cela favorise non seulement le sens de la communauté, mais permet également à l'hôtel de puiser dans la culture et le patrimoine locaux, attirant ainsi les clients à la recherche d'une expérience rurale authentique. L'adaptation et l'évolution continues de l'hôtel pour répondre à l'évolution des préférences des clients et des demandes du marché sont cruciales pour une réussite à long terme. Il peut s'agir de rénover ou d'agrandir l'établissement, d'introduire de nouveaux services ou commodités, ou d'investir dans des pratiques durables. Se tenir au courant des tendances du secteur et répondre aux commentaires des clients peut permettre à l'hôtel de rester compétitif et attrayant pour les nouveaux visiteurs comme pour ceux qui reviennent. L'ouverture d'un hôtel rural nécessite une réflexion et une planification approfondies. Du choix du bon emplacement à l'élaboration d'un plan d'affaires complet, en passant par la création d'une marque distinctive, la prestation d'un service à la clientèle exceptionnel et la mise en œuvre de stratégies de marketing efficaces, chaque étape joue un rôle essentiel pour que le rêve de posséder un hôtel rural devienne réalité. En donnant la priorité à l'expérience des clients, en s'engageant auprès de la communauté locale et en faisant évoluer l'hôtel en permanence, les propriétaires peuvent garantir une entreprise prospère qui attire les visiteurs et offre une expérience rurale unique et mémorable.

XIV. MISE EN OEUVRE DE PRATIQUES DURABLES

Dans le monde d'aujourd'hui, où les préoccupations environnementales sont au premier plan, il est crucial que les entreprises
adoptent des pratiques durables non seulement pour minimiser
leur impact sur l'environnement, mais aussi pour se positionner
comme des entités responsables et socialement conscientes. Il
existe plusieurs façons pour un hôtel rural de mettre en œuvre
des pratiques durables. Tout d'abord, l'incorporation de systèmes et de technologies économes en énergie est une étape
fondamentale pour réduire l'empreinte carbone d'un hôtel rural.
Par exemple, l'installation de panneaux solaires pour générer de
l'énergie renouvelable peut diminuer de façon significative la dépendance aux combustibles fossiles et économiser sur les coûts
d'électricité. L'utilisation d'un éclairage LED dans tout l'établissement peut réduire considérablement la consommation d'énergie. Une isolation efficace et des appareils économes en énergie,
tels que des pommes de douche à faible débit et des thermostats intelligents, jouent également un rôle essentiel dans la conservation de l'énergie. Ensuite, les mesures de conservation de
l'eau sont essentielles, en particulier dans les zones rurales où la
pénurie d'eau peut être un problème. L'installation d'appareils
économes en eau, tels que des toilettes et des robinets à faible
débit, peut minimiser la consommation d'eau sans compro-
mettre le confort des clients. La mise en place d'un système de
récupération de l'eau de pluie peut fournir une source d'eau supplémentaire à des fins non potables, comme l'aménagement

paysager et l'arrosage des plantes. Il est important de sensibiliser les clients à l'importance de la conservation de l'eau et d'encourager une utilisation responsable de l'eau par le biais d'une signalisation et de brochures d'information. Troisièmement, la gestion des déchets est un domaine dans lequel les hôtels ruraux peuvent faire une différence significative. La mise en place d'un programme de recyclage complet est une excellente mesure pour réduire les déchets et encourager les pratiques durables. Fournir des poubelles séparées pour les différents types de déchets, tels que le papier, le plastique, le verre et les déchets organiques, encourage les clients à participer activement aux efforts de recyclage. L'utilisation de techniques de compostage pour les déchets organiques générés par la cuisine et les services de restauration de l'hôtel permet de créer un sol riche en nutriments pour les jardins de l'hôtel et de réduire le besoin d'engrais chimiques. Opter pour des produits biologiques et d'origine locale peut contribuer à la durabilité d'un hôtel rural. Adopter des pratiques de la ferme à la table, où les produits frais proviennent des agriculteurs locaux, permet non seulement de soutenir l'économie locale, mais aussi de réduire l'empreinte carbone associée au transport des aliments sur de longues distances. L'utilisation de produits biologiques garantit que les clients disposent d'options saines et sans produits chimiques, ce qui favorise encore davantage un mode de vie durable. L'intégration de pratiques durables dans la conception et la construction d'un hôtel rural est une autre considération cruciale. Opter pour des matériaux respectueux de l'environnement, comme le bois recyclé et les peintures non toxiques, permet de réduire l'impact écologique du processus de construction. L'utilisation de techniques de conception passive, telles que l'emplacement stratégique des fenêtres pour la ventilation naturelle et l'éclairage naturel, peut minimiser le besoin de systèmes de refroidissement et d'éclairage gourmands en énergie. L'intégration d'espaces verts et de jardins dans les installations hôtelières permet non seulement d'améliorer l'aspect esthétique, mais aussi de contribuer à la biodiversité et d'améliorer la qualité de l'air. Éduquer et impliquer la communauté locale dans les pratiques durables est essentiel pour le succès à long terme d'un hôtel rural. L'organisation d'ateliers et de sessions de formation pour la population locale peut la sensibiliser au mode de vie durable et lui permettre d'adopter des pratiques écologiques dans sa vie quotidienne. Collaborer avec des organisations environnementales locales et participer à des initiatives communautaires, telles que des campagnes de nettoyage et des programmes de plantation d'arbres, permet non seulement de renforcer la bonne volonté, mais aussi de créer un solide réseau de sympathisants et de clients potentiels. La mise en œuvre de pratiques durables est essentielle pour un hôtel rural qui vise à réussir dans le monde actuel soucieux de l'environnement. En adoptant des systèmes économes en énergie, en conservant l'eau, en gérant efficacement les déchets, en s'approvisionnant localement et biologiquement, en prenant en compte des éléments de conception durables et en s'engageant auprès de la communauté locale, un hôtel rural peut s'imposer comme une entreprise responsable et respectueuse de l'environnement. Adopter la durabilité est non seulement bénéfique pour l'environnement, mais attire également les clients qui sont de plus en plus à la recherche d'options d'hébergement respectueuses de l'environnement. En prenant ces mesures, les propriétaires d'hôtels ruraux peuvent contribuer à un avenir plus durable tout en assurant le succès de leur entreprise.

INTÉGRER DES PRATIQUES DURABLES DANS UN HÔTEL RURAL

Incorporer des pratiques durables dans un hôtel rural est de la plus haute importance pour plusieurs raisons. Tout d'abord, la durabilité n'est pas seulement une préoccupation mondiale, mais aussi une demande croissante de la part des touristes. Avec la prise de conscience croissante des problèmes environnementaux et de la nécessité d'un mode de vie durable, les gens sont plus enclins à choisir des hébergements qui pratiquent et promeuvent des initiatives durables. En intégrant des pratiques durables, les hôtels ruraux peuvent attirer une plus grande clientèle, ce qui se traduit par une augmentation des réservations et des revenus. Deuxièmement, les zones rurales sont souvent caractérisées par leur environnement naturel, qu'il s'agisse de forêts, de montagnes ou de rivières. Ces ressources naturelles sont l'essence même du tourisme rural, car elles attirent les visiteurs qui cherchent à rompre avec la vie urbaine et à se rapprocher de la nature. Sans pratiques durables, la beauté et le charme de ces zones rurales peuvent être compromis. L'intégration de pratiques durables dans un hôtel rural garantit la conservation de ces ressources naturelles et aide à maintenir l'expérience rurale authentique pour les visiteurs actuels et futurs. Les pratiques durables peuvent également contribuer à améliorer la qualité de vie générale des communautés locales. Avec l'augmentation du tourisme rural, la demande de possibilités d'emploi augmente également. En mettant en œuvre des pratiques durables, les hôtels ruraux peuvent générer des emplois axés sur la conservation de l'environnement, tels que l'agriculture biologique, la conservation de la faune et de la flore ou le guidage de l'écotourisme. Cela permet non seulement de fournir des revenus et de la stabilité aux communautés locales, mais aussi de favoriser un sentiment de fierté et d'appartenance à l'égard de la protection de leur environnement. L'intégration de pratiques durables va de pair avec la réduction de l'empreinte carbone d'un hôtel rural. Les initiatives durables telles que l'utilisation de sources d'énergie renouvelables, la mise en œuvre de stratégies de conservation de l'eau et l'adoption de politiques de gestion des déchets peuvent réduire de manière significative l'impact environnemental d'un hôtel. En réduisant la consommation d'énergie, en utilisant des sources d'énergie alternatives telles que l'énergie solaire ou éolienne et en mettant en place des systèmes de gestion de l'eau efficaces, les hôtels ruraux peuvent réduire leur dépendance aux combustibles fossiles et contribuer à la réduction globale des émissions de gaz à effet de serre. Les politiques de gestion des déchets, notamment le recyclage et le compostage, peuvent minimiser la contribution de l'hôtel à la mise en décharge et promouvoir une approche circulaire des déchets. L'intégration de pratiques durables peut permettre de réaliser des économies à long terme. Bien que la mise en œuvre de solutions durables puisse nécessiter un investissement initial, comme l'installation de panneaux solaires ou d'équipements permettant d'économiser l'eau, les avantages à long terme l'emportent sur les coûts initiaux. En réduisant les factures des services publics grâce aux économies d'énergie et d'eau, les hôtels ruraux peuvent réaliser des économies substantielles au fil du temps. En intégrant des pratiques durables, les hôtels peuvent

attirer des touristes verts prêts à payer plus cher pour un hébergement respectueux de l'environnement. Cela peut entraîner une
augmentation du prix des chambres et de la rentabilité de l'hôtel. L'intégration de pratiques durables dans un hôtel rural est
cruciale pour plusieurs raisons. Non seulement elle répond à la
demande croissante de tourisme respectueux de l'environnement, mais elle contribue également à préserver la beauté im-
maculée des zones rurales et à améliorer la qualité de vie des
communautés locales. En réduisant leur empreinte carbone, les
hôtels ruraux peuvent contribuer aux efforts mondiaux de lutte
contre le changement climatique. L'intégration de pratiques durables peut permettre de réaliser des économies et d'attirer des
touristes soucieux de l'environnement, ce qui se traduit en fin de
compte par une augmentation des revenus. À notre époque, la
durabilité n'est plus une option, mais une nécessité, et les hôtels
ruraux ont la possibilité de montrer l'exemple en promouvant un
avenir plus durable. En intégrant des pratiques durables, les hôtels ruraux peuvent créer une expérience unique pour les clients,
qui non seulement offre confort et détente, mais contribue également à la conservation de notre planète et au bien-être des
communautés locales.

AVANTAGES DES ÉCONOMIES D'ÉNERGIE, DE LA GESTION DES DÉCHETS ET DU SOUTIEN AUX COMMUNAUTÉS LOCALES

La conservation de l'énergie, la gestion des déchets et le soutien aux communautés locales offrent de nombreux avantages aux hôtels ruraux. Tout d'abord, la conservation de l'énergie contribue non seulement à la durabilité environnementale, mais aussi à la réduction des coûts d'exploitation. La mise en œuvre de pratiques économes en énergie, telles que l'utilisation de lumières LED, l'installation de panneaux solaires et l'optimisation des systèmes de chauffage, de ventilation et de climatisation, permet de réduire considérablement la consommation d'énergie. Cela permet non seulement de réduire l'empreinte carbone de l'hôtel, mais aussi d'économiser sur les factures d'électricité, ce qui se traduit par des économies à long terme. Les clients sont de plus en plus conscients de leur impact sur l'environnement et sont plus susceptibles de choisir un hôtel qui donne la priorité à la durabilité. Cela peut attirer des voyageurs soucieux de l'environnement, offrant un avantage concurrentiel sur le marché et renforçant la réputation de l'hôtel en tant qu'entreprise respectueuse de l'environnement. De même, des pratiques efficaces de gestion des déchets présentent de multiples avantages pour les hôtels ruraux. En mettant en place des programmes de recyclage et en compostant les déchets organiques, les hôtels peuvent détourner une quantité importante de déchets des décharges. Cela permet non seulement de réduire la pollution de l'environnement, mais aussi de démontrer l'engagement de l'hôtel en faveur d'une gestion responsable des déchets. Participer à des initiatives locales de gestion des déchets peut favoriser des relations positives avec la communauté et les agences gouvernementales. Établir des partenariats avec des installations de recyclage locales ou des agriculteurs biologiques peut créer des opportunités de collaboration et contribuer à l'économie circulaire locale. Cela permet non seulement de soutenir la communauté locale, mais aussi d'améliorer l'image de marque de l'hôtel en tant qu'entreprise socialement responsable. Soutenir les communautés locales est un aspect essentiel de la gestion d'un hôtel rural prospère. En s'approvisionnant en produits et services locaux, les hôtels peuvent contribuer au développement économique de la région. Acheter des aliments cultivés localement et s'associer avec des artisans locaux permet de soutenir les petites entreprises et de créer une expérience unique et authentique pour les clients. Soutenir les communautés locales peut créer un sentiment de fierté et de loyauté chez les résidents, ce qui peut se traduire par un marketing de bouche-à-oreille positif et une clientèle fidèle de la part des habitants. Cela peut être particulièrement avantageux en période de vaches maigres, lorsque le nombre de touristes est limité. Collaborer avec les organisations communautaires locales et organiser des événements ou des ateliers peut aider à construire un réseau solide et à renforcer la position sociale de l'hôtel. Les économies d'énergie, la gestion des déchets et le soutien aux communautés locales présentent d'importants avantages pour les hôtels ruraux. Les pratiques d'efficacité énergétique permettent non seulement de réduire les coûts d'exploitation, mais aussi d'attirer des voyageurs soucieux de l'environnement, ce qui renforce la réputation de l'hôtel. La mise en œuvre de pratiques efficaces de gestion des déchets permet non seulement de réduire la pollution de l'environnement, mais aussi de démontrer l'engagement de l'hôtel en faveur d'une gestion responsable des déchets. Soutenir les communautés locales en s'approvisionnant en produits et services locaux contribue au développement économique de la région et crée une clientèle fidèle. En donnant la priorité à ces pratiques, les hôtels ruraux peuvent créer une entreprise durable et socialement responsable qui prospère dans l'industrie hôtelière compétitive d'aujourd'hui.

CONSEILS SUR LES INITIATIVES DURABLES POUR ATTIRER LES CLIENTS SOUCIEUX DE L'ENVIRONNEMENT ET RÉDUIRE LES COÛTS D'EXPLOITATION

La mise en œuvre d'initiatives durables dans un hôtel rural est non seulement bénéfique pour l'environnement, mais peut également attirer des clients soucieux de l'environnement tout en réduisant les coûts d'exploitation. Plusieurs conseils peuvent être suivis pour intégrer efficacement ces initiatives. Tout d'abord, il est essentiel de procéder à une évaluation initiale pour identifier les domaines dans lesquels des pratiques durables peuvent être mises en œuvre. Cette évaluation doit couvrir différents aspects tels que la consommation d'énergie, la gestion des déchets, l'utilisation de l'eau et les transports. En analysant ces domaines, les propriétaires d'hôtels peuvent identifier leur impact actuel sur l'environnement et déterminer les stratégies d'amélioration les plus efficaces. L'un des domaines clés qui permet de réduire considérablement les coûts d'exploitation et l'impact sur l'environnement est la consommation d'énergie. Pour y parvenir, il est conseillé d'investir dans des systèmes et des appareils économes en énergie. Par exemple, le remplacement des ampoules traditionnelles par des ampoules LED peut réduire la consommation d'énergie jusqu'à 75 %, car les ampoules LED sont plus économes en énergie et ont une durée de vie plus longue. L'installation de détecteurs de mouvement dans les parties communes telles que les couloirs et les salles de bain peut éteindre automatiquement les lumières lorsqu'elles ne sont pas utilisées, ce qui réduit encore le gaspillage d'énergie. Une autre stratégie efficace consiste à mettre en place un système qui régule la température et optimise la consommation d'énergie, comme des thermostats intelligents ou un logiciel de gestion de l'énergie. Ces mesures peuvent non seulement attirer des clients soucieux de l'environnement, mais aussi permettre d'économiser de l'argent sur les factures d'électricité. En ce qui concerne la gestion des déchets, il est crucial d'adopter un programme de recyclage complet. Ce programme doit comprendre des poubelles séparées pour les matériaux recyclables tels que le papier, le plastique, le verre et l'aluminium. Le compostage des déchets alimentaires peut réduire considérablement la quantité de déchets envoyés dans les décharges. Les propriétaires d'hôtels peuvent collaborer avec des organisations locales ou passer des contrats avec des entreprises de gestion des déchets spécialisées dans le compostage pour assurer une élimination correcte des déchets organiques. En mettant en œuvre ces pratiques, l'hôtel réduira non seulement son impact sur l'environnement, mais pourra également attirer des clients qui accordent la priorité à la durabilité. Un autre conseil pour réduire les coûts d'exploitation et attirer des clients soucieux de l'environnement est de se concentrer sur la conservation de l'eau. Les hôtels peuvent investir dans des appareils sanitaires et des robinets à faible débit, qui peuvent réduire la consommation d'eau jusqu'à 20 %. Encourager les clients à réutiliser les serviettes et le linge de lit pendant leur séjour peut réduire considérablement la quantité d'eau utilisée pour la lessive. Cela peut se faire par le biais de panneaux d'information dans les chambres ou de messages personnalisés lors de l'enregistrement. La mise en place de systèmes de récupération des eaux de pluie peut fournir une source durable d'eau pour l'irrigation et le jardinage. Le transport est un autre domaine dans lequel des initiatives durables peuvent être mises en œuvre pour attirer des hôtes soucieux de l'environnement. La promotion de modes de transport alternatifs, tels que les transports publics, le vélo ou la marche, peut réduire l'empreinte carbone associée aux déplacements des hôtes. Offrir aux invités l'accès à la location de vélos ou établir des partenariats avec les services de transport locaux peut encourager les invités à choisir ces options respectueuses de l'environnement. Proposer des bornes de recharge pour véhicules électriques peut attirer les hôtes soucieux de l'environnement qui conduisent des voitures électriques. Ces initiatives ont non seulement un impact positif sur l'environnement, mais elles renforcent également l'image de l'hôtel en tant qu'établissement durable. En plus de ces conseils concrets, il est crucial pour les propriétaires d'hôtels de communiquer leur engagement en faveur de la durabilité aux clients potentiels. La mise en œuvre d'initiatives durables n'est bénéfique que si les clients en sont conscients et décident de soutenir l'hôtel sur la base de ces valeurs. Cet objectif peut être atteint grâce à divers efforts de marketing, comme la création d'une section durable sur le site Internet de l'hôtel, la promotion active des initiatives durables sur les plateformes de médias sociaux et la collaboration avec des organisations ou des influenceurs axés sur l'environnement. Les propriétaires d'hôtels peuvent participer à des certifications ou à des programmes de récompenses qui reconnaissent les pratiques durables, comme la certification LEED ou l'accréditation Green Globe. Ces reconnaissances peuvent améliorer la réputation d'un hôtel et attirer des clients soucieux de l'environnement et à la recherche d'options d'hébergement durables. La mise en œuvre d'initiatives durables dans un hôtel rural est non seulement bénéfique pour l'environnement, mais elle attire également des clients soucieux de l'environnement tout en réduisant les coûts d'exploitation. La réalisation d'une évaluation initiale, axée sur la consommation d'énergie, la gestion des déchets, la conservation de l'eau et les transports, est essentielle pour identifier les points à améliorer. En investissant dans des systèmes économes en énergie, en adoptant des programmes de recyclage complets, en promouvant la conservation de l'eau et en encourageant les modes de transport durables, les propriétaires d'hôtels peuvent réussir à attirer des clients soucieux de l'environnement. Une communication efficace sur les efforts de durabilité par le biais d'activités de marketing et la participation à des certifications ou à des programmes de récompenses peuvent encore améliorer l'image et la réputation de l'hôtel. En gardant ces conseils à l'esprit, les propriétaires d'hôtels ruraux peuvent créer un modèle d'entreprise prospère et durable qui correspond aux valeurs de leurs clients. Lors de la création d'un hôtel rural, il y a plusieurs étapes importantes à franchir. La première étape consiste à choisir le bon emplacement pour ton hôtel. C'est crucial, car l'emplacement influencera grandement le succès de ton entreprise. Lorsque tu choisis un emplacement, tu dois tenir compte de facteurs tels que l'accessibilité, les attractions locales et la concurrence. Tu veux que ton hôtel soit facilement accessible aux clients, qu'ils arrivent en voiture ou par les transports en commun. Tu dois choisir un emplacement proche des attractions populaires ou des points d'intérêt, car cela attirera plus de clients dans ton hôtel. Il est important de tenir compte de la concurrence dans la région. S'il y a déjà plusieurs hôtels dans la région, tu risques d'être confronté à une forte concurrence et d'avoir du mal à attirer des clients. En revanche, s'il n'y a que quelques hôtels dans la région, il se peut que tu aies un argument de vente unique et que tu puisses attirer plus de clients. Une fois que tu as choisi le bon emplacement pour ton hôtel rural, l'étape suivante consiste à concevoir et à construire ton hôtel. Lors de la conception de ton hôtel, tu voudras créer un espace qui soit non seulement esthétique, mais aussi fonctionnel et confortable pour tes clients. L'agencement de l'hôtel doit être bien pensé, avec suffisamment d'espace pour que les clients puissent se détendre et profiter de leur séjour. Le décor et l'ameublement doivent être en accord avec le thème rural de ton hôtel, afin de créer une atmosphère cohérente et accueillante. Il est également important de prendre en compte les services et les équipements que ton hôtel proposera. Il peut s'agir d'un restaurant, d'un spa, d'une piscine ou de tout autre élément qui améliorera l'expérience de tes clients. En proposant des services et des installations uniques, tu pourras te différencier de la concurrence et attirer plus de clients.

Une fois que tu as conçu et construit ton hôtel, l'étape suivante consiste à en faire la promotion. C'est essentiel pour attirer les clients et générer des revenus. Il existe plusieurs façons efficaces de promouvoir ton hôtel rural. L'une des plus importantes est d'avoir une forte présence en ligne. Cela comprend la création d'un site Web professionnel pour ton hôtel, ainsi que l'utilisation des plateformes de médias sociaux pour entrer en contact avec les clients potentiels. Il est également important d'optimiser ton site Web pour les moteurs de recherche, afin que les clients potentiels puissent facilement trouver ton hôtel lorsqu'ils le recherchent en ligne. Un autre moyen efficace de promouvoir ton hôtel rural est d'établir des partenariats et des collaborations avec des entreprises locales et des organisations touristiques. En établissant des partenariats avec des entreprises locales, tu peux faire une promotion croisée de leurs services respectifs et attirer plus de clients. En collaborant avec des organisations touristiques, tu peux bénéficier de leurs efforts de marketing et atteindre un public plus large. Il est important de proposer des incitations et des réductions pour encourager les clients à réserver dans ton hôtel. Il peut s'agir de tarifs spéciaux pour des séjours plus longs, de forfaits ou de programmes de fidélité. En offrant ces incitations, tu peux attirer plus de clients et encourager les réservations répétées. La création d'un hôtel rural nécessite une planification et une exécution minutieuses. Du choix de l'emplacement, à la conception et à la construction de l'hôtel, en passant par la promotion de l'entreprise, chaque étape est cruciale pour assurer le succès de ton entreprise. En suivant les étapes décrites dans ce guide, tu pourras réaliser ton rêve de posséder un hôtel rural. Il est important de se rappeler que le succès ne se produit pas du jour au lendemain. Il faut du temps, des efforts et du dévouement pour construire une entreprise prospère. En restant concentré et en travaillant continuellement à la réalisation de tes objectifs, tu peux créer un hôtel rural qui offre aux clients une expérience unique et mémorable.

XVI. CONCLUSION

L'ouverture d'un hôtel rural réussi nécessite une planification minutieuse et la prise en compte de plusieurs facteurs. Choisir le bon emplacement qui offre à la fois la beauté naturelle et l'accessibilité est crucial. La réalisation d'une analyse de marché approfondie permettra d'identifier le public cible et de comprendre ses besoins et ses préférences. Cela permettra à l'hôtel de proposer des services et des expériences sur mesure qui attireront et fidéliseront les clients. La création d'une proposition de vente unique et d'une stratégie de marque aidera à différencier l'hôtel de ses concurrents et à construire une image de marque forte. L'élaboration d'un plan d'affaires solide comprenant des projections financières et des stratégies de marketing est essentielle pour attirer les investisseurs et obtenir un financement. L'établissement de partenariats solides avec les fournisseurs locaux, les entreprises et les agences de tourisme peut contribuer de manière significative au succès de l'hôtel en augmentant sa visibilité et en générant des références. Fournir un service à la clientèle exceptionnel et créer des expériences mémorables pour les clients conduira à des critiques positives et à des recommandations de bouche-à-oreille, qui sont cruciales pour la réputation et le succès continu de l'hôtel. L'utilisation de divers canaux de marketing numérique, tels que les médias sociaux, les agences de voyage en ligne et l'optimisation des moteurs de recherche, permettra à l'hôtel d'atteindre un large public et de maximiser les réservations. Le suivi et l'évaluation continus des performances de l'hôtel, ainsi que la volonté de s'adapter et d'évoluer, permettront à l'entreprise de rester compétitive dans un secteur en constante évolution. En suivant ces étapes et en appliquant des stratégies efficaces, les hôteliers en herbe peuvent transformer leur rêve d'ouvrir un hôtel rural en une réalité réussie.

ÉTAPES CLÉS ABORDÉES DANS LE LIVRE POUR CRÉER UN HÔTEL RURAL PROSPÈRE

Dans ce livre, les étapes clés abordées peuvent être résumées comme suit. Tout d'abord, il recommande une recherche et une analyse approfondies afin de sélectionner un emplacement idéal pour l'hôtel rural. Il s'agit notamment de prendre en compte des facteurs tels que l'accessibilité, la demande du marché, la concurrence et les attractions locales. Deuxièmement, il souligne l'importance de créer une expérience unique et authentique pour les clients en préservant la culture, le patrimoine et l'environnement locaux. Cela implique de concevoir l'hôtel en fonction de l'esthétique locale et d'utiliser des matériaux et des produits d'origine locale. Proposer des activités et des expériences qui mettent en valeur les traditions et les coutumes locales peut améliorer l'expérience globale des clients. Troisièmement, il est important d'avoir un plan d'affaires solide. Cela implique de réaliser une analyse financière approfondie, de fixer des buts et des objectifs clairs et d'exposer des stratégies de marketing, de service à la clientèle et de durabilité. Il suggère également de demander des conseils professionnels pour assurer la viabilité et la rentabilité de l'hôtel rural. Quatrièmement, il examine les différentes considérations juridiques et réglementaires à prendre en compte lors de la création d'un hôtel rural. Il s'agit notamment de l'obtention des permis et licences nécessaires, du respect des codes de construction et des normes de santé et de sécurité, ainsi que de la conformité aux réglementations en matière de zonage et d'environnement. Il souligne l'importance de répondre à ces exigences afin d'éviter tout problème juridique à l'avenir. Cinquièmement, il aborde l'importance de développer une identité de marque forte pour l'hôtel rural. Cela implique la création d'un nom de marque, d'un logo et d'un slogan convaincants et mémorables, ainsi que la mise en œuvre de stratégies de marque efficaces pour différencier l'hôtel de ses concurrents. Il souligne également l'importance de la présence en ligne grâce à un site Web professionnel et des comptes actifs sur les médias sociaux. Sixièmement, il souligne l'importance de fournir un service à la clientèle exceptionnel pour assurer la satisfaction et la fidélité des clients. Cela implique de former le personnel à être attentif, amical et bien informé, ainsi que d'offrir des services personnalisés et d'anticiper les besoins des clients. Il suggère d'offrir des services et des installations uniques, comme des centres de bien-être ou des activités de plein air, pour améliorer l'expérience des clients. Septièmement, il souligne l'importance de stratégies marketing efficaces pour promouvoir l'hôtel rural. Il s'agit notamment de cibler le bon public grâce à l'analyse démographique, d'utiliser des plateformes de marketing numérique telles que l'optimisation des moteurs de recherche et la publicité sur les médias sociaux, et d'appliquer des techniques de marketing traditionnelles telles que la publicité imprimée et la participation à des événements du secteur. Il souligne également l'importance d'entretenir de bonnes relations avec les agences de voyage et les tour-opérateurs pour attirer plus de clients. Il suggère de surveiller en permanence les performances de l'hôtel rural en analysant régulièrement les rapports financiers, les avis des clients et les tendances du marché. Cela permet d'identifier les domaines à améliorer et de mettre en œuvre les changements nécessaires pour assurer le succès à long terme et la durabilité de l'hôtel. La création d'un hôtel rural implique de choisir soigneusement l'emplacement, de créer une expérience authentique, d'élaborer un plan d'affaires solide, de tenir compte des considérations juridiques, d'établir une identité de marque forte, de fournir un service à la clientèle exceptionnel, de mettre en œuvre des stratégies de marketing efficaces et de surveiller continuellement les performances. En suivant ces étapes clés, les individus peuvent réaliser leur rêve d'ouvrir un hôtel rural.

UNE PLANIFICATION MINUTIEUSE, UNE ÉTUDE DE MARCHÉ ET DES STRATÉGIES DE MARKETING EFFICACES

Pour réitérer l'importance d'une planification minutieuse, d'une étude de marché et de stratégies de marketing efficaces, il est essentiel de créer un hôtel rural. Sans ces éléments clés, il peut être difficile de naviguer dans le secteur concurrentiel de l'hôtellerie et d'attirer l'attention des clients potentiels. Une planification minutieuse est la base de toute entreprise commerciale réussie, et l'ouverture d'un hôtel rural ne fait pas exception. Il s'agit d'examiner attentivement tous les aspects de l'hôtel, du choix de l'emplacement idéal à la conception de l'aménagement et des services. Il est important de mener une étude de marché approfondie pour comprendre la demande et la clientèle potentielle dans la zone rurale choisie. Cette étude peut aider à identifier les marchés cibles, à déterminer les stratégies de prix et à développer des arguments de vente uniques pour différencier l'hôtel de ses concurrents. Des stratégies de marketing efficaces sont cruciales pour promouvoir l'hôtel et atteindre le public souhaité. Il s'agit notamment d'utiliser divers canaux de marketing, tels que les médias sociaux, les plateformes de voyage en ligne et les méthodes publicitaires traditionnelles, pour accroître la visibilité et attirer des clients potentiels. Il est également essentiel d'établir une forte présence de la marque et une bonne réputation, car les recommandations positives de bouche à oreille peuvent grandement influencer le succès d'un hôtel rural. Il est vital d'investir du temps et des ressources dans l'élaboration d'un plan marketing complet qui correspond au public cible et aux objectifs de l'hôtel. Une planification minutieuse est l'épine dorsale de toute entreprise prospère, et l'ouverture d'un hôtel rural ne fait pas exception à la règle. Lorsque l'on se lance dans une telle entreprise, il est crucial de planifier soigneusement tous les aspects de l'hôtel afin d'assurer un fonctionnement harmonieux et efficace. Il s'agit notamment de choisir l'emplacement idéal qui offre une expérience unique et correspond à la vision de l'hôtel. Des facteurs tels que l'accessibilité, la proximité des attractions et des commodités locales doivent être pris en compte dans le processus de décision. L'agencement et la conception de l'hôtel doivent être méticuleusement planifiés pour maximiser le confort des clients et optimiser l'efficacité opérationnelle. Pour créer un hôtel rural, il est crucial de mener une étude de marché approfondie. Il s'agit de comprendre la demande et la clientèle potentielle dans la zone rurale choisie. Réaliser une étude de marché peut aider à identifier les marchés cibles, à déterminer les stratégies de prix et à développer des arguments de vente uniques. En connaissant les besoins et les préférences des clients potentiels, l'hôtel peut adapter son offre pour répondre à leurs attentes et se démarquer de la concurrence. Les études de marché peuvent également fournir des informations sur les tendances émergentes et les demandes des clients, ce qui permet à l'hôtel d'adapter et de faire évoluer son offre au fil du temps. Des stratégies de marketing efficaces jouent un rôle clé dans la promotion d'un hôtel rural et l'attraction des clients. Un plan marketing bien élaboré est essentiel pour que l'hôtel atteigne le public souhaité et se démarque sur un marché encombré. L'utilisation d'une variété de canaux de marketing est essentielle, car elle permet à l'hôtel d'atteindre les clients potentiels par le biais de différents points de contact. Les plateformes de médias sociaux, les plateformes de voyage en ligne et les méthodes publicitaires traditionnelles peuvent être utilisées pour accroître la visibilité et susciter l'intérêt pour l'hôtel. Collaborer avec les offices de tourisme locaux ou s'associer à des entreprises locales peut également permettre d'attirer l'attention des clients potentiels. Construire une présence et une réputation solides de la marque est crucial pour le succès à long terme d'un hôtel rural. Il est important d'offrir constamment un service à la clientèle exceptionnel et de dépasser les attentes des clients afin d'obtenir des recommandations positives de bouche à oreille. À l'ère du numérique, les avis et les évaluations en ligne influencent grandement les décisions des consommateurs, il est donc essentiel de gérer activement la présence en ligne de l'hôtel et de répondre aux commentaires des clients en temps opportun. En adoptant les plateformes de médias sociaux et en interagissant avec les clients par le biais de divers canaux en ligne, l'hôtel peut favoriser un sentiment de communauté et de loyauté parmi ses clients. Une planification minutieuse, une étude de marché et des stratégies marketing efficaces sont des éléments essentiels à la création d'un hôtel rural. Ces aspects constituent une base solide pour le fonctionnement et la croissance de l'hôtel, ce qui lui permet de se démarquer sur un marché concurrentiel. En planifiant soigneusement tous les aspects de l'hôtel, en réalisant des études de marché approfondies et en mettant en œuvre des stratégies de marketing efficaces, l'hôtel rural peut attirer l'attention des clients potentiels et s'imposer comme une destination de premier plan.

ENCOURAGER LES ASPIRANTS PROPRIÉTAIRES D'HÔTELS RURAUX À TRANSFORMER LEURS RÊVES EN RÉALITÉ EN UTILISANT LES CONSEILS PRATIQUES FOURNIS

Encourager les aspirants propriétaires d'hôtels ruraux à transformer leurs rêves en réalité est un aspect essentiel de la promotion de la croissance et du développement des communautés rurales. Les conseils pratiques fournis dans ce guide sont un outil crucial pour ceux qui souhaitent ouvrir leur propre hôtel rural. En suivant l'approche étape par étape décrite dans ce livre, les aspirants hôteliers peuvent naviguer dans les complexités du choix du bon emplacement, de la promotion de leur entreprise et finalement de la création d'un hôtel rural. L'une des premières considérations des aspirants propriétaires d'hôtels ruraux est de choisir l'emplacement idéal pour leur établissement. Le guide souligne l'importance d'une recherche approfondie pour identifier les zones à fort potentiel touristique dans les communautés rurales. Des facteurs tels que les paysages attrayants, les attractions locales et la proximité des centres de transport sont cruciaux pour déterminer le succès d'un hôtel rural. En connaissant les données démographiques et les désirs des touristes potentiels, les aspirants hôteliers peuvent réduire leurs options et sélectionner l'emplacement le plus approprié. Une fois l'emplacement choisi, le guide suggère de se concentrer sur le développement d'une proposition de vente unique pour différencier l'hôtel rural de ses concurrents. Il peut s'agir d'offrir des services spécialisés ou des commodités qui répondent aux intérêts du marché cible. Par exemple, si l'hôtel est situé dans une région connue pour ses vignobles, proposer des dégustations de vin ou organiser des visites de vignobles peut séduire les amateurs de vin. Les conseils pratiques de ce guide encouragent les hôteliers en herbe à faire preuve de créativité et à trouver des moyens novateurs pour faire de leur hôtel rural une destination attrayante pour les clients. En plus d'offrir des services uniques, une promotion efficace est cruciale pour le succès d'un hôtel rural. Le guide souligne l'importance de créer une forte présence en ligne grâce aux plateformes de médias sociaux et aux sites Web professionnels. L'utilisation d'un contenu visuel et d'une narration attrayante peut capter l'attention des clients potentiels et susciter l'intérêt pour l'hôtel. Le guide conseille aux aspirants hôteliers de collaborer avec les offices de tourisme locaux, les agences de voyage et d'autres entreprises pour former des partenariats stratégiques. Cela peut augmenter l'exposition et les références, en particulier pour les hôtels ruraux qui font partie d'un réseau touristique plus large. La promotion ne se limite pas à attirer les clients, mais s'étend à l'amélioration de leur expérience globale. Le guide encourage les hôteliers en herbe à donner la priorité au service à la clientèle et à la satisfaction des clients. En offrant des expériences personnalisées et en se surpassant pour répondre aux besoins des clients, les hôtels ruraux peuvent cultiver une clientèle fidèle et encourager un bouche-à-oreille positif. Créer une atmosphère chaleureuse et accueillante, former le personnel à l'hospitalité et veiller à la qualité des services sont mis en avant dans les conseils pratiques fournis. Le guide insiste sur l'importance de l'évaluation et de l'amélioration continues, encourageant les hôteliers en herbe à rechercher des retours d'information et à procéder aux ajustements nécessaires. Transformer les rêves en réalité demande du dévouement et de la persévérance, en particulier dans la tâche difficile que représente l'ouverture d'un hôtel rural. Les conseils pratiques et l'inspiration proposés dans ce guide peuvent constituer une ressource précieuse pour les hôteliers en herbe. En suivant l'approche étape par étape, les individus peuvent naviguer à travers les complexités du choix du bon emplacement, de la promotion de leur entreprise et de la mise en place d'un hôtel rural. Encourager les aspirants hôteliers à embrasser leurs rêves et à en faire une réalité n'est pas seulement bénéfique pour leurs propres aspirations, mais aussi pour la croissance et le développement globaux des communautés rurales. Avec les bons conseils et la bonne détermination, les aspirants hôteliers peuvent transformer leurs rêves en hôtels ruraux prospères qui contribuent à la vitalité et à l'attractivité des zones rurales.

BIBLIOGRAPHIE

Dr. (Capitaine) Vivek Jain. 'Compétences maritimes sur les navires et à terre : pertinence et recommandations de la convention STCW'. Notion Press, 7/11/2023

Diana S. Barber. 'Droit de l'hôtellerie'. Gérer les questions juridiques dans le secteur de l'hôtellerie et de la restauration, Stephen C. Barth, John Wiley & Sons, 17/4/2017

William I. Sauser. 'Questions juridiques et réglementaires dans la gestion des ressources humaines'. Ronald R. Sims, IAP, 1/10/2014

Michael C. Sturman. 'La gestion des organisations de l'hôtellerie et de la restauration'. Atteindre l'excellence dans l'expérience des clients', Robert C. Ford, SAGE Publications, 30/11/2018

Joel B. Margulis. 'Angel Financing. Comment trouver et investir dans le capital-investissement', Gerald A. Benjamin, John Wiley & Sons, 11/2/1999

Walter Grant. 'Comment rédiger un plan d'affaires gagnant'. Un guide étape par étape pour les entrepreneurs en démarrage afin de construire une base solide, d'attirer les investisseurs et d'atteindre le succès avec un plan d'affaires à toute épreuve, Amazon Digital Services LLC - Kdp, 16/09/2020

Colombie-Britannique. 'Ministère de la concurrence, des sciences et de l'entreprise. Planification d'entreprise et prévisions financières - Rev.'. Ministère de la concurrence, de la science et de l'entreprise, 1/1/2002

États-Unis. Congress. Senate. Comité spécial sur le vieillissement. 'The Nation's Rural Elderly' (Les personnes âgées rurales de la nation). Hearing Before the Special Committee on Aging, United States Senate, Ninety-fourth Congress, Second Session [-Ninety-fifth Congress, First Session] ..., U.S. Government Printing Office, 1/1/1977

William A. Sahlman. 'Comment rédiger un excellent plan d'affaires'. Harvard Busi-ness Review Press, 3/1/2008

Dawn Burton. 'Marketing interculturel'. Theory, Practice and Relevance, Routledge, 21/11/2008

Monica Oliveira. 'ICTR 2022 5th International Conference on Tourism Research'. Cândida Silva, Academic Conferences and publishing limited, 19/5/2022

Bryan Mattimore. '21 jours pour une grande idée'. Creating Breakthrough Business Concepts, Diversion Books, 17/11/2015

Organisation mondiale du tourisme. 'Collecte et analyse des données pour la gestion, le marketing et la planification du tourisme'. Manuel à l'intention des gestionnaires et des analystes, Organisation mondiale du tourisme, 1/1/1999

Jie Xu. 'Manuel des études de marché. Mesure, approche et pratique', iUniverse, 1/1/2005

Melanie K. Smith. 'Le tourisme dans la nouvelle Europe'. Challenges and Opportunities of EU Enlargement, Derek R. Hall, CABI, 1/1/2006

États-Unis. Congrès. Senate. 'Select Committee on Nutrition and Human Needs' (Comité spécial sur la nutrition et les besoins humains). Hearings, Reports and Impressions of the Senate Select Committee on Nutrition and Human Needs'. U.S. Government Printing Office, 1/1/1969

Luigi Salvaneschi. 'L'emplacement, l'emplacement, l'emplacement'. Comment choisir le meilleur emplacement pour ton entreprise, Oasis Press, 1/1/2002

Tom Szuba. 'Guide de planification pour l'entretien des installations scolaires'. Éditions DIANE, 1/1/2003

Institut de gestion de projet Project Management Institute. 'Guide to the Project Management Body of Knowledge (PMBOK Guide) - Seventh Edition and The Standard for Project Management (BRAZILIAN PORTUGUESE)'. Institut de gestion de projet, 8/1/2021